"十二五"国家重点图书出版规划项目
当代财经管理名著译库
国家出版基金资助项目

美国金融市场改革

《多德-弗兰克法案》颁布前后的反思

REFORMING U.S. FINANCIAL MARKETS

Reflections Before and Beyond Dodd-Frank

Randall S. Kroszner   *Robert J. Shiller*

(美) 兰德尔·克罗茨纳   罗伯特·希勒 著

王永桓 陈玉财 译

2013年诺贝尔经济学奖得主
罗伯特·希勒**倾情奉献**

哈佛大学政治经济学教授
本杰明·弗里德曼**作序并领衔评论**

东北财经大学出版社
Dongbei University of Finance & Economics Press

大连

辽宁省版权局著作权合同登记号:图字 06－2012－21

Randall S. Kroszner, Robert J. Shiller: REFORMING U. S. FINANCIAL MARKETS:
Reflections Before and Beyond Dodd－Frank

图书在版编目(CIP)数据

美国金融市场改革:《多德－弗兰克法案》颁布前后的反思 /(美)克罗茨纳(Kroszner,
R. S.),(美)希勒(Schiller, R. J.)著;王永桓等译 .—大连 : 东北财经大学出版
社,2013. 12
(金融瞭望译丛)
ISBN 978－7－5654－1406－0

Ⅰ. 美… Ⅱ. ①克… ②希… ③王… Ⅲ. 金融市场－研究－美国 Ⅳ. F837. 125

中国版本图书馆 CIP 数据核字(2013)第 314956 号

东北财经大学出版社出版发行

大连市黑石礁尖山街 217 号 邮政编码 116025
教学支持:(0411)84710309
营 销 部:(0411)84710711
总 编 室:(0411)84710523
网 址:http://www. dufep. cn
读者信箱:dufep @ dufe. edu. cn

大连图腾彩色印刷有限公司印刷

幅面尺寸:170mm×240mm 字数:97 千字 印张:8 3/4
2013 年 12 月第 1 版 2013 年 12 月第 1 次印刷
责任编辑:李 季 王 玲 吉 扬   责任校对:王 娟 刘咏宁
封面设计:冀贵收   版式设计:钟福建
定价:28. 00 元

评论人

Benjamin M. Friedman

George G. Kaufman

Robert C. Pozen

Hal S. Scott

序 言

本杰明·M. 弗里德曼

目前这场开始于 2007 年的全球金融危机及其引发的经济衰退，成为自第二次世界大战以来影响最为深远的经济事件之一。在许多国家，危机给实体经济造成的影响——生产的下降、失业、投资的减少以及收入和利润的损失——超过战后历次经济衰退。在美国，实际产出从高峰到低谷下降了 3.8%，高于此前 1957—1958 年遭受的创纪录的战后衰退水平；失业虽未达到 1981－1982 年衰退时的水平，但在本书写作之时，似乎失业要比那时在异常高位时持续更长的时间。比通常情况更为严重的是，美国的经济衰退几乎影响到了世界各国。

然而，危机造成的影响主要表现在金融领域。金融机构的倒闭，资产价值的下跌及随之而来的证券财富的减少，信贷流动的中断，人们对公司及信贷市场工具信心的丧失，交易对手对交易违约的担忧，政府部门及中央银行实行的干预，所有这一切无论在规模上还是在范围上都是非同寻常的，在形式上也是如此。美国的情况表明，对于许多国家来说，很难判定这场危机是否造成了自第二次世界大战以来最严重的经济衰退。然而毫无疑问的是，全球金融体系经历了自 20 世纪 30 年代以来最严重的危机。

　　大量非常规事件的发生，给人们提供了反省和学习的机会，尤其是这些事件造成了不良后果。虽然某些灾难的发生，比如地震，不是任何人的过错，但是思考类似的灾难再次发生时应该怎样做以便减轻后果这样的问题也是很自然的。当人们的行为引发不良后果时，考虑到各种治理制度是由人制定的，问题就不仅是如何遏制而是如何预防风险的发生。因此，毫不奇怪，自 2007 年爆发金融危机以来，在美国及世界各地，人们对金融市场和金融机构监管改革纷纷提出各种建议。

　　以美国金融市场为例，人们的注意力主要集中于按揭贷款市场的各种惯例（事后来看，这些惯例明显是滥用），而正是按揭贷款埋下了危机的种子。自 20 世纪 90 年代起，贷款发放标准被不断放宽——很高的贷款与房屋价值比（loan-to-value ratio），还款期被后置，文件资料很少——这与房屋价格不断上涨互为因果关系。宽松的贷款条件刺激了人们对房屋的需求，而作为抵押物的房屋价值的不断上涨减轻了人们对借款人信用水平的担忧。大部分新发放的按揭贷款实现了证券化，这进一步打消了贷款人对借款人诚信的忧虑。相应地，投资于这些派生证券的投资者们要么是自己误读了（例如，同样指望不断上涨的房价抵消借款人信用不足的影响），要么是被那些进行虚假分析并一直存在严重利益冲突问题的信用评级机构所误导。分析危机最终所造成的经济影响会发现，许多购买了这些抵押品有问题证券的投资者并非美国的公司。

　　此外，有三个基本因素使得美国的金融体系更容易遭受这种大量交易证券价格崩溃的影响。

　　第一，在银行体系内，银行业务与交易业务之间的界限几乎完全消失，这不仅仅是 1999 年正式废止大萧条时期颁布的《格拉斯-斯蒂格尔法案》（Glass－Steagall）规定的将商业银行业务与投资银行业务区分开导致的结果，因为这一规定很早以前就被删减。许多大型商业银行由于面临着从投机性证券市场筹集资本的压力，逐渐依赖证券交易创造的利润来增加其收益，这实际上将它们自己变成了对冲基金（否则，它们就没有理由在其资产负债表上持有按揭贷款支持证券（mortgage－backed securities），因为它们可以通过包装出售而赚取手续费）。同时，大部分大型投资银行——它们已经拥有规模较大的自营交易业务——逐渐利用短期存款作为其资金来源。

第二，提高股票持有人投资回报率的压力也促使许多金融机构将其杠杆率（leverage）——所持有资产数量相对于支撑资产的实收资本的比率——提高至创纪录水平。对于美国的大型商业银行来说，12：1 或 15：1 的杠杆率很普遍，许多投资银行的杠杆率达到 25：1 甚至 30：1 的水平。因此，一旦这些机构的证券交易业务出现亏损，它们几乎没有资本缓冲来消化这些损失。

第三，衍生金融工具——基于其他金融工具价值的金融工具，在很多情况下这些其他金融工具本身又取决于其他金融工具的价值——市场的持续发展，超过了有能力的金融机构与其他投资者对冲风险的能力，反而为其提供了承担新的、不相关风险的应对工具。因此，各类投资者遭受的许多风险与实际经济财富例如房价或公司股票价值的波动联系很少或根本没有关系。这些风险逐渐变成零和对赌游戏（zero－sum bets）中的一方或另一方。

回顾过去人们毫不奇怪会发现，上述这些脆弱性的不断累积，遇到某种催化剂就会引发严重的危机。房价的逆转——美国全国房价平均每年下跌大约 20%，在一些州及许多地方性住房市场跌幅更大——就充当了这种催化剂（因为对于单笔住房按揭贷款来说，重要的是用于贷款抵押的具体房屋价值，房价偏离给定平均跌幅越大，按揭贷款违约的可能性就越高）。贷款逾期和拖欠情况迅速增多，尤其是"次级"按揭贷款市场。这些按揭贷款打包支持的证券价值出现了下跌。依靠这些证券的杠杆化衍生债权（leveraged derivative claims）的跌幅更大。于是，持有这些证券的投资者遭受损失。作为投资者，那些拥有高杠杆率的金融机构眼看着其资本受到侵蚀，在许多情况下若政府不出手援助，这些机构就可能濒临倒闭。银行停止发放贷款，许多公司定期发行商业票据的市场也几乎关闭。由于无法借款，许多公司和家庭只好削减支出，于是经济就发生了衰退。

克罗茨纳与希勒两位作者的论文，加上四位评论者的评论，对美国应采取哪些措施以避免造成高昂经济代价的类似金融危机的再次发生问题进行了探讨：我们在监管金融市场与金融机构中需要进行哪些改变？我们应对那些对所发生的危机负有部分责任的政府政策做出哪些改变？我们的金融体系应进行哪些根本性的改革？这不仅是对这些相同机构履行相同职责的方式进行调整，也是对我们的金融市场进行影响更为深远的改革。

2010 年夏季，经过漫长而富有争议的全国性辩论之后，美国国会通过了一系列内容广泛的金融改革，这些改革措施被包含在《多德－弗兰克法案》之中。该法案包括以下几项关键条款：

• 成立由目前监管机构组成的新的监管机构——金融稳定监督委员会（Financial Stability Oversight Council），负责对可能给整体经济带来风险的金融机构或金融市场进行监管。

• 在联邦储备体系、货币监理署及联邦存款保险公司等机构之间重新分配银行监管职责，授权联储理事会监管那些出现严重财务危机或者倒闭因而可能影响到美国金融稳定的非银行金融机构。

• 授权监管机构要求那些具有系统重要性的金融机构提高资本规模以及采用以风险为基础的资本和流动性标准，同时更为普遍地提高资本要求，包括有权要求资产总额超过 500 亿美元的银行控股公司持有可转换的或有股本，作为其资本结构的一部分。

• 授权金融稳定监督委员会要求系统重要性的非银行金融机构及大型、互相关联的银行控股公司建立"破产清算预案"（resolutions plans，俗称"生前遗嘱"（living wills）），即若发生丧失流动性或资不抵债（insolvency）情况时，这些现成的预案可使其有秩序地进行破产清算。

• 依据前联储主席保罗·沃尔克（Paul Volcker）的提议，禁止银行及银行控股公司从事某些类型的自营交易（proprietary trading）（但其代理客户进行的交易则不受限制），以及禁止它们发起或投资于某些类型的投资基金。

• 要求从事贷款证券化业务的银行至少将所产生证券信用风险的 5% 保留在其资产负债表上。

• 授权相关政府机构在正常公司破产程序之外，对濒临倒闭的银行控股公司或其他金融机构迅速有序地进行破产清算（在该法案颁布前，政府有权接管和清算倒闭的银行，但是无权对银行控股公司、独立的经纪商－交易商或保险公司采取这些措施）。

• 要求大多数互换合约（swap contracts），包括信用违约掉期（credit default swaps，正是此类金融衍生工具在 2008 年导致美国国际集团（AIG）这家著名的保险公司几乎倒闭，迫使美国政府提供总额达 1 820亿美元的援助）通过集中清算所（centralized clearing houses）进行结算，从而提供整个市场的信息，增强透明度。

• 创立新的消费者金融保护局（Bureau of Consumer Financial

Protection），授权其建立并实施适用于销售"消费者金融产品或服务"的任何个人或机构的监管标准，个别情况除外（例如，提供购车融资服务的汽车销售商）。

然而，即使是快速浏览克罗茨纳与希勒的论文以及四位评论人的评论，读者也可以清楚地发现，他们观点的重要性并不因《多德－弗兰克法案》的颁布而减弱。他们研究的是一些更为根本性的问题，所提出的具体建议远远超出该法案的范畴。目前尚不能确定《多德－弗兰克法案》是否标志着美国金融体系改革在近期或者中期的结束。但是，相关的争论以及对如何对金融活动施加预防性的限制及如何更好地发挥金融体系在经济中核心职能的新的、建设性思想的探索不会失去活力，重要性也不会降低。

两篇论文及评论已于 2009 年 4 月 30 日在哈佛大学举行的第五届阿尔文·汉森（Alvin Hansen）公共政策研讨会上介绍过。[①] 在介绍这些论文和评论之际，我想以个人名义并代表哈佛大学经济系连同众多阿尔文·汉森的学生，向莱罗伊·索伦森·梅里菲尔德（Leroy Sorenson Merrifield）和已故的马里恩·汉森·梅里菲尔德（Marion Hansen Merrifield）致以衷心的感谢，正是阿尔文·汉森的慷慨支持才使得哈佛大学目前以其名字命名主办的系列公共政策研讨会得以成功举行。这

---

① 首届阿尔文·汉森研讨会于 1995 年举办，主题是"通货膨胀、失业与货币政策"，罗伯特·索罗（Robert Solow）和约翰·泰勒（John Taylor）撰写了论文。第二届研讨会于 1998 年举办，主题是"美国应该将社会保障私有化吗?"，亨利·阿伦（Henry Aaron）和约翰·肖温（John Shoven）撰写了论文。第三届研讨会于 2002 年举办，主题为"美国的社会不公平问题"，詹姆斯·赫克曼（James Heckman）和艾伦·克鲁格（Alan Kreuger）就应采取的措施撰写了观点完全相反的论文。第四届研讨会于 2007 年举办，主题为"美国工作岗位的外包"，杰格迪什·巴格瓦迪（Jagdish Bhagwati）和艾伦·布林德（Alan Blinder）撰写了主题论文。此前四届研讨会的论文及评论文章也由 MIT 出版社出版发行。

些学生热情参与研讨会是汉森教授对如此众多年轻的经济学家产生积极、深远影响的最好的体现。

同时，我也感谢我的同事詹姆斯·杜森伯里（James Duesenberry）和格雷戈里·曼昆（Gregory Mankiw），他们与我一起成立委员会，为研讨会选题。我要感谢海伦·加瓦尔（Helen Gavel），她帮助安排研讨会的会务工作。感谢约翰·科维尔（John Covell）大力支持将研讨会材料付诸印刷。我尤其要感谢兰德尔·克罗茨纳、罗伯特·希勒撰写的论文及其他三位评论人对两篇论文的精彩评论。

令我和我的同事们悲伤的是，吉姆·杜森伯里在第五届汉森研讨会举办后几个月就去世了。吉姆及我们已故的同事理查德·马斯格雷夫（Richard Musgrave）在大约 20 年前首次举办阿尔文·汉森研讨会时也曾担任承办委员会委员。他们两位是阿尔文·汉森的学生、同事并最终成为其挚友。哈佛大学经济系的所有人员对吉姆的去世深感悲哀。仅以此书向其深表怀念。

* * *

1967 年，阿尔文·汉森以 80 岁高龄获得美国经济学会 Francis E. Walker 奖章。詹姆斯·托宾（James Tobin）在颁奖时，如此形容阿尔文·汉森：

阿尔文·汉森，一位温和的革命性人物，我们见证了他的事业发扬光大，以及他的"异端邪说"成为正统学说；一位孜孜不倦的学者，其示范作用和影响力深深地改变了他所研究领域的发展方向；一位政治经济学家，除了其思想的力量之外别无其他，促成美国及其他国家的政策和治理结构得以改革。自南达科塔州草原上的童年时代起，阿尔文·汉森就一直相信知识可以改善人类的生存条件。正是笃信此信条使其从未关闭心智，而是有勇气不断探寻和表达真理之所在。汉森教授值得人们爱戴与尊敬。一代接一代的学生参加他的讲座，聆听其研究成果，不仅开阔了视野，同时也受到了启发——受到其经济学是一门服务于人类的科学热情信念的启发。

目　录

第1章　实现金融民主化与人性化

罗伯特·希勒

由 2007 年次级贷款危机引发的这场全球金融危机目前仍在持续，这为进行监管改革提供了历史性机遇。危机表明，我们的金融体系存在着严重的不稳定和矛盾因素。我们需要制定新的游戏规则，以便未来金融体系可以更有效地运行，使得我们可以追求我们的目标和灵感并产生令人满意的结果。

美国政府一直在采取大量非常规的措施，对金融体系和经济进行救助，以抵御这场自 20 世纪 30 年代"大萧条"以来最严重金融危机的影响。这些措施包括：2007 年实行的短期标售工具（Term Auction Facility，TAF）、2008 年实行的问题资产救助计划（Troubled Asset Relief Program，TARP）、2009 年实行的公共与私营部门投资伙伴计划（PPIP）以及短期资产支持证券贷款工具（Term Asset-Backed Securities Lending Facility，TALF）等。这些措施都是"猛药"，与之相伴的是大量私营公司被救助，联储资产负债表扩大一倍，银行的超额准备金和货币供应量得以前所未有地迅速扩张。

按照过去应对危机的标准来看，这些措施都是非同寻常的，在危机发生之前几乎没有经济理论基础。这些措施好像是出于本能反应而特别采取的权宜之计，很可能并不是都有效。总之，看到政府如此程度地应对我们身临其中的非同寻常的经济形势，我们或许应该表示感谢。这些措施中有许多是紧急措施，目的在于阻止我们经济巨轮的下沉，假如事实证明其中的一些措施错了，仍有其他措施可以拯救我们。

　　同时，我们也注意到，相关联邦机构、州和地方政府及政府部门以外的自律组织（Self-Regulatory Organizations，SROs）采取了大量的不太剧烈的监管措施，弥补监管方面存在的缺失，而正是这些监管缺失引发了危机。例如，自 2007 年爆发次级贷款危机以来，美国证券交易委员会（SEC）强化了对经纪商－交易商、投资顾问机构及共同基金的检查与监督，并加大了对滥用卖空（short sale）交易行为的调查力度。2008 年，纽约州总检察官安德鲁·科莫（Andrew M. Cuomo）与三家主要的证券评级机构达成协议，消除证券发行机构促使评级机构间互相竞争从而获得最优评级的"购买评级"（ratings shopping）的行为。2009 年，金融机构监管局（Financial Institutions Regulatory Authority）———一家自律机构———宣布向公众提供一项新的金融教育项目。

　　2010 年 7 月，美国国会通过了《多德－弗兰克法案》，随后由奥巴马总统签署。该法案由参议员克里斯托弗·多德（Christopher Dodd）和众议员巴尼·弗兰克（Barney Frank）发起，俗称《多德－弗兰克法案》或《FINREG 法案》，掀起了自大萧条以来最为广泛的一场监管改革。[①] 虽然奥巴马政府的有关提议已被包含在该法案中，但他们自己也

---

　　① 2009 年 6 月，奥巴马政府公布了改革计划，2010 年 7 月通过了《多德－弗兰克法案》，在此之前本文就在上述研讨会上介绍过。

承认，这些建议"并不代表应当进行完整的金融监管改革"。① 实际上，该法案只是标志着探寻如何使我们的金融体系平稳迈进 21 世纪的一场对话的开始。

我们需要弄清楚存在的问题，以便可以彻底地进行改革，并能使改革比《多德－弗兰克法案》及其他法律规划走得更远。《多德－弗兰克法案》涉及许多方面，但是其主要内容包括对相关政府机构进行重组，例如撤销储蓄机构监管办公室（Office of Thrift Supervision），成立金融服务监督委员会、联邦保险监管办公室（Federal Insurance Office）和金融消费者保护局。《多德－弗兰克法案》几乎没有涉及最终导致危机发生的投机性泡沫问题，其只是在要求未来对此问题进行研究时才有所提及。该法案也未提及这些新的机构在未来将如何处理这些问题。政府的改革提议代表着新的开始，但是目前我们必须思考负责管理这些机构的那些人应如何制定政策。

蒂莫西·盖特纳（Timothy Geithner）财长曾经说过，最近这场金融危机"使得人们对我们金融体系的基础架构丧失了信心，解决此问题需要进行全面改革，不能只进行边边角角的修补，要制定新的游戏规则"。② 但是，这些新的游戏规则包括哪些原则呢？

在经济巨轮企稳之后，必须考虑和重新评估我们经济体系的基础以及金融监管的理论与实践。本文将讨论下一步应采取的措施，这对长期来说更为重要。毫无疑问，我们金融体系的改革将耗时多年，因此现在就有必要对此进行思考。

---

① U. S. Tressury（2009），p. 4.

② 2009 年 3 月 26 日，财长提姆·盖特纳（Tim Geithner）在众议院金融服务委员会听证会上的书面证词。

我们需要统一相关的原则，以便采取措施应对最近发现存在的经济问题。然而没有人就如何应对这场危机提出过统一的原则。让我尝试着提出几条这样的原则，这些原则不仅目前我们应当考虑，而且十分重要。

新的、重要的监管制度必须实现金融民主化（democratizing finance）的目标，使金融技术更好地造福于人民。这意味着要创造环境，使技术得以有效用于目前尚不能管理好的各类风险，这些风险对个人的福祉和商业交易造成了侵害。当然，对于我们的经济来说，最重要的因素是人，人人都应明白这一点。但是，迄今为止，监管实际上未能最大限度地关注变革，以使金融理论全力造福于人民。

另一条原则是，新的监管制度必须实现金融人性化（humanizing finance）的目标，使我们的金融机构更好地按照人们思想、行为方式来运营，以使它们受到实际、有效的激励并将采取适当措施管理风险作为其应尽的义务。这意味着要考虑到由我们的金融机构创立的真实激励措施——经济学家们对此习以为常，但同时也要根据人的心理认知特点及那些使人陷入麻烦的行为模式从更深层次来考虑这些激励措施，有时投机性泡沫背后常常有这些激励措施的影子。这也意味着，与大学工程系讲授工程设计中的人的因素相似，必须使金融机构更好地围绕人类本性来运营，同时要考虑到人是如何受到激励的，以避免人性的弱点给金融机构造成影响。实际上，政府最近采取的一些特别措施中有些明显是基于人的心理如何受到政府政策影响这一本能的假设（即恢复"信心"）而做出的，未来我们只需更为系统地推进即可。

《多德－弗兰克法案》的部分内容明确表明要推进金融民主化与金融人性化，这一点接下来我要继续讨论。但是无论如何，推进金融民主化与金融人性化这两条原则仍要付出诸多努力。

当前这场全球金融危机的爆发主要是由于迄今我们的金融体系在实现这两条原则方面未能取得成功。例如，大多数人未被提供本来可用于对冲其房地产风险的各种计划，反而却被建议在当地房地产市场承担很高且不断上升的杠杆头寸，即使投资花去其一生的储蓄。目前，美国有1 500万人的家庭的净财富为负值。从字面上讲，这些家庭已经破产了，可以预计这种情况时常发生在那些拥有杠杆头寸且未使投资多元化的人们身上。我们本应了解这些情况。然而，那些管理房地产风险的公司并不总是能受到适当激励从而帮助人们更好地管理风险，它们也不提供相关的金融工具。这就是说，我们在宣传金融教训方面没有做到广而告之，实现民主化，从而无法帮助所有那些收入相对较低、并不精细的购房人。

危机的发生还因为我们没有实现金融人性化，没有考虑到人的天性。例如，危机的发生很大程度上是由于各种泡沫没有得到控制，因而泡沫得以通过包括心理传染等各种形式的反馈在世界各地的股市和房地产市场蔓延。各国货币当局未对泡沫问题采取措施，而大多数人也无法寻求机构来管理泡沫的风险。此外，危机的发生还因为监管机构组织协调得不好，无法抵御人们因泡沫而助长的对交易对手风险和系统性风险的自满情绪。实际上，我们的相关经济激励措施没有调整好，促使人们依赖未经验证的一些假设。

还有一个例子，我们的监管制度未能充分考虑到公众对公平的态度。人们对不公平的呼声是我们这个时代存在的一个新的不稳定因素。运转良好的金融体系必须基本上是公平的，否则政治势力就会介入，从而影响金融体系的有效运行并会引发其他问题。这意味着我们必须听取人民的意见来判断是否公平，我们必须考虑人性的特点。同时，我们也不能让人们对公平所持的唐吉诃德式不切实际的观念对良好的风险管理和良好激励机制造成干扰。

过去几十年里，学术界对于金融的研究获得迅猛的发展，其中产生了"行为金融学派"（behavioral finance）。在其鼎盛时期，该学派研究如何将金融数学理论产生的真知灼见有效应用于人类情感和行为模式的现实丛林中去。该学派的研究成果有助于将我们的金融体系进行重组，使其符合人类天性的实际情况，充分实现金融理论的潜力。

认知科学研究领域取得的一项令人瞩目的成果是"心理理论"（theory of mind）。该理论实际上是关于人类大脑的研究，包括对他人的思想、动机和伪装进行评估，即审视和判断他人思想。人类大脑将一些区域分配给思想，正如同其将一些区域分配给识别人的面孔或语言一样。精神理论是人类心理正常运行的内在特征，也必须是良好监管的固有特征。只有运用精神理论，监管机构才能厘清金融创新的动机和目的，确保方向正确。金融人性化包括想方设法有效组织监管机构的监管活动，以便其能对监管对象的动机与目的准确作出判断，而不会过度受到官僚体制的制约。

现代金融理论为发展人类的福祉提供了一项强有力的技术。金融理论的核心内容是风险管理的相关原则：分散与对冲（diversification and hedging）风险。该理论表明，即使对于我们的经济来说，有些风险是无法避免的，但仍然可以降低这些风险对人类福祉的影响。此外，金融理论的另一项核心内容是动机理论（incentivization），人们有动机从事建设性的工作，而且其工作不会受到过度道德风险的影响。然而，正如丹尼尔·卡尼曼（Daniel Kahneman）、阿莫斯·特沃斯基（Amos Tversky）及其他许多行为金融研究人员的研究表明的，人性的难以预料、人们对风险错误的理解及对待风险态度的不一致表明，研发一个揭示出这些基本金融原则应用情况的系统真的很难。因此，为了大致接近金融理论设计的风险管理环境，就需要强化监管体系。

1.1 监管的基本理论

根据美国传统英语词典（该词典列出词语出自印欧语系的词源）的解释，"监管"一词引欧语系的词根"reg"，意指按直线运行，派生词义指指导成一条直线、领导、管理。[①] 拉丁语 regula 意指直尺，引申意思为规则。

依此类推，金融监管旨在使金融体系尽可能按直线运行，即保持金融体系的稳定以便其有效运行。规则对于各种会议、游戏以及幼儿园来说都是必不可少的。一个人出于某种目的考虑以规则来约束自己，例如，"我每天早晨一定坚持锻炼"，这些规则成为自我心理约束机制的一部分。公司和组织制定章程，立法机构颁布法令，这些反映了几个世纪以来人们身为这些机构的一部分所表现的社会心理现象。

政府监管包括不同层面，不仅有联邦监管，也有州和地方监管。因此，所有这些不同的监管机构之间存在如何协调的问题，此问题在美国历史上通过将监管集中在联邦层面逐渐加以解决，但是目前州和地方政府仍行使金融监管职能。

与其他领域一样，金融领域也存在行业团体（有时是指定的自律组织），这些行业团体代表行业的私有利益，并制定规则来约束行业行为。由于旨在实现某种目的的规则最好由了解该目的的人来制定这一说法有

---

① American Heritage Dictionary of the English Language, Boston：Houghton-Mifflin, 1996，pp. 2090—2121.

一定道理，因此政府将监管权限授权给自律组织。自律组织及其他行业组织对于行业的民主运行是必不可少的。政府可以要求行业成立自律组织，例如，美国证券行业曾成立国家证券交易商协会（National Association of Securities Dealers，NASD），该机构目前被称为金融行业监管局（Financial Industry Regulatory Authority，FINRA）。1940年颁布的《投资公司法案》（Investment Company Act）确定了对共同基金行业的监管，该法案是通过与相关行业代表的合作而制定的，现在被称为投资公司协会（Investment Company Institute，ICI）的行业组织（当时称国家投资公司委员会（National Committee of Investment Companies））也于同年成立，协助该法案的执行。

因此，讨论监管问题不应只限于联邦政府监管，而应为整个经济寻找新规则，这些规则可以被各级政府贯彻落实，私人部门也可以在无需政府干预的情况下遵守这些规则。

似乎监管方面存在的那些最严重的缺陷在于监管部门赖以运行的法律法规的僵化刻板（rigidity）和武断专制（arbitrariness）。按揭贷款的监管就是这种问题的一个明显例子。联邦层面对按揭贷款机构的监管职能分散在联邦储备体系、货币监理署、联邦存款保险公司（FDIC）、储蓄机构监管办公室（OTS）、国家信用社管理局（National Credit Union Administration，NCUA）及各州的相关监管机构中。这些监管机构的各自为政使其难以制止被监管机构的不良行为，因为对一个行业进行监管只会使其他行业具有竞争性优势。这些监管机构确实联合下发过指引文件，但是这些文件往往姗姗来迟，而且力度也不大。上述五个联邦监管机构发现很难解决不良的贷款惯例问题，而正是这种不良的贷款惯例使次级按揭贷款行业受到传染，其表现形式为可调整利率按揭贷款（adjustable－rate Mortgages，ARMs）常常被宣传为能够提供较低的利率（尽管这些低利率只是暂时的），而具有戏剧意味的是，低收入或信用评级较低的那些人往往更容易接受这些按揭贷款（Gramlich，2007）。《多德-弗兰克法案》只是强化了五个联邦监管机构中其中一个的职能，几乎未解决这个问题。

按揭贷款监管职能分散的弊端随着 2000 至 2006 年间按揭贷款飞速发展而逐渐显露出来，针对不适当发放按揭贷款行为的蔓延，没有有效的监管措施来应对。次级贷款，包括风险较大、变形的可调整利率按揭贷款以及被称为期权式变形的可调整利率按揭贷款，贷款还款时可由借款人自行决定减少还款金额。虽然这些贷款对某些人来说很合适，却常常被发放给那些不适合这些贷款的人，没有政府的监管机构或者自律组织来制止这种行为。

没有一个行业协会能够禁止按揭贷款领域存在不良的贷款惯例，也不能弥补联邦监管机构的不足。例如，按揭贷款银行协会（Mortgage Bankers Association）及国家按揭贷款受托协会（National Association of Mortgage Fiduciaries）似乎无法承担制定有效监管规则的职能。发生这种情况可能是因为联邦政府没有像证券行业那样确定一个强有力的按揭贷款自律组织。2008 年，根据各州银行监管机构会议（Conference of State Banking Supervisors，CSBS）及美国住宅按揭贷款监管机构协会（American Association of Residential Mortgage Regulator，AARMR）的倡议，在金融行业监管局的指导下，成立了国家按揭贷款牌照系统（National Mortgage Licensing System），如果该系统能够顺利运行，这或许是进一步发展的重要一步。作为一个维护注册客户代表及金融咨询顾问牌照系统（该系统在过去一直运行良好）的自律组织，金融行业监管局似乎可以胜任这样的工作，至少从其过去行使职责的角度看应该能够胜任。

也没有一个自律组织会消除不动产评估欺诈问题。近年来，按揭贷款发放人（originators）有时公然将业务交给那些只管给其房屋估值盖章的不动产评估公司（appraisers），因而助长了不动产泡沫。2008年3月，纽约州总检察长科莫宣布，与房利美（Fannie Mae）和房地美（Freddie Mac）达成协议，只从符合新的"房屋评估行为守则"（Home Valuation Code of Conduct，HVCC）标准的银行购买贷款，制定该守则是为了减少评估欺诈。由于房利美和房地美是全国性的机构，此举的结果是将房屋评估行为守则在全国曝光。根据该守则，贷款人被禁止使用内部评估人或具有裙带关系的评估人，相反地只能从独立评估管理公司（Appraisal Management Companies，AMCs）聘请评估人。这应当有助于减少那些助长房地产泡沫、不受限制的评估，尽管仍需要改进对评估管理公司的监管以消除持续存在、有偏见或不认真的房屋评估。

评估管理公司好像没有适当的动力开展真正的评估，而是常常引导客户寻找收费低廉或不认真的评估人。实际上，有时这些公司自身就被其服务的按揭贷款发起人所拥有。房屋评估行动守则未能梳理好评估人的激励机制，因此应当考虑一些替代性的措施，例如在发放按揭贷款（mortgage origination）时为评估人在财务上提供"利益共享，风险共担"的激励机制，以使其有动力关心其评估的真实性和有效性。[①]

我们监管体制框架存在不足的另一个例子表现在风险监管职能分散在证券交易委员会和商品期货交易委员会（Commodity Futures

---

① 2008年，评估公司 Miller Samuels 的 Jonathan Miller 曾写信给我说，"评估管理公司应该被置于交易的风险之中。换言之，当一个按揭贷款被折价售出并变坏时，评估管理公司需要有动力提高评估质量——否则，整个工作就没有意义"。而且，"必须将所有的评估，或者自动化价值产品提供给借款人。惯例是贷款人不断订购 AVMs 或者评估价值直至获得足够高的价值，最终达成交易"。

Trading Commission）两个机构。其他的例子还包括保险监管职能分散在 50 个州立监管机构，即将倒闭的系统重要性机构的监管职能分散在联邦存款保险公司和破产法院。所有这些监管机构都涉及风险管理的相关原则，运用不同时期风险管理都采用的形式，然而职责划分却是历史上偶然形成的。

因此，根据这个原则，重新加强金融体系的监管意味着如前财长亨利·鲍尔森（Henry Paulson）在与其两位财政部同事共同发表的论文中所建议的那样对金融体系进行改革，以便形成"以目标为本的监管"（objectives－based regulation）——监管的目标在于实现我们期望实现的主要经济目标。[①] 鲍尔森及其他两位作者所建议的以目标为本的监管机构将包括一个系统性风险监管机构、一个审慎金融监管机构以及一个业务行为（business conduct）监管机构。成立这些机构是解决导致发生这场金融危机的那些问题的核心。

按照上述思路，奥巴马总统和美国财政部（2009）建议成立一个机构，"发现新产生的系统性风险并改进机构间的合作"。《多德－弗兰克法案》注意到总统的相关建议，授权成立金融服务监督委员会（Financial Services Oversight Council），该委员会由财长担任主席，成员包括美国主要政府机构的负责人。此外，《多德－弗兰克法案》进一步遵循总统提出的建议，即"联储应被赋予新职责以监管所有能够威胁到金融稳定的机构，即使那些公司并不拥有银行"。[②]《多德－弗兰克法案》引用总统建议中的一些原文，授权金融服务监督委员会经过 2/3 投票表决后，确定"机构性质、业务范围、规模、级别、集中度、关联度

---

① Paulson，Nason 和 Steele（2008）。

② U. S. Treasury（2009），p. 3.

或业务的混合……可能威胁到美国金融稳定"的金融机构。① 该委员会作出这样的决定将会使这些金融机构受到联储的监管。联储接下来可能针对这些机构建立并执行"更严格的审慎监管标准","并考虑到这些机构的资本结构、风险程度、复杂程度、金融活动（包括其附属机构的金融活动）、规模以及联储理事会认为应包括的其他任何与风险相关的因素"。② 该法案允许将资本充足要求从银行扩大到整个影子银行体系，按照有利于稳定经济的方式更好地管理这些监管要求。

按照以目标为本的监管思路，有效开展监管要求政府不应仅仅将相关政府机构的负责人召集到一起，成立所谓的金融服务监督委员会，还应做得更多。罗伯特·波曾（Robert Pozen）（2010）建议成立一个更为统一的委员会，该委员会的主任专门负责委员会事务，不承担其他职责。《多德－弗兰克法案》在整合监管机构方面可能做得还不够。

然而，另一方面，政府必须谨慎推进整合金融监管机构的工作，因为每一个监管机构都已建立了适合所监管机构的监管模式。整合监管机构工作如果做得不细致，可能会使得按照原有监管框架运营的机构以及了解这些机构需求和目标的监管机构失去活力，不再提供其客户期待获得的风险管理服务。实际上，《多德－弗兰克法案》，连同其成立金融服务监督委员会的计划完好无损地保留了现有的监管机构（储蓄机构监管办公室是例外），最多只是对其监管活动进行协调。

为了实施改革，必须进行国际间的协调，否则，金融机构会转移到

---

① Dodd-Frank Wall Street Reform and Consumer Protection Act, 2010, §113 (a) (1) p23. http：// frwebgate. access. gpo. gov/ cgi-bin/ getdoc. cgi? dbname＝111 _ cong _ bills& docid ＝f：h4173enr. txt. pdf.

② Dodd-Frank, 2010, §165 (a) (1) (A) pp. 48－49. http：// frwebgate. access. gpo. gov/ cgi-bin/ getdoc. cgi? dbname＝111. cong _ bills& docid＝f：h4173enr. txt. pdf.

监管最薄弱的国家。这个问题使得二十国集团（G20）、金融稳定论坛（Financial Stability Forum）以及其他国际组织发挥重要作用。[1] 总统和美国财政部（2009）也十分重视这一点。

1.2　公平与信任

卡尼曼、尼奇（Knetsch）和塞勒（Thaler）等人（1986）在行为经济学方面的研究结果表明，自古以来，公众就有表达"什么是公平的，什么是不公平的"看法的传统，这些传统在经济学家们看来有时并无道理可言。公众对公平的看法有时具有唐吉诃德式的不切实际，但是要想获得人们对现代金融经济的支持，我们就需要面对这些问题。

20 世纪 30 年代爆发大萧条时，许多人怀疑资本主义能否取得公众的支持。1949 年，随着第二次世界大战带来的刺激效果的减弱，人们担心经济是否会再度陷入萧条，对此专栏作家西尔维亚·波特（Sylvia Porter）写到，"我深信，如果我们再度陷入 1929—1932 年间的萧条，我们所熟知的资本主义和民主将从我们的国土上消失"。[2]

现在，再次响起类似的论调。伴随着 2007 年初次贷危机而爆发的本轮全球金融危机，影响逐渐扩大，直至 2007 年 12 月引发了全球性的经济衰退，以至于到今天危机影响仍未完全消除，这就提出了市场监管的新问题。实际上，这被广泛看做是一个重新审视我们所熟悉的资本主

---

[1]　Coats 等人（2009）。

[2]　Sylvia F. Porter, "Lessons for '49 in the Crash of '29" *New York Times*, Oct 23, 1949, p. SM13.

义制度基础的契机。一时间到处充斥着实行国有化以及迫使商业机构按照前所未有的方式开展业务的论调。

自由市场是人类历史上最为重要的发明之一。这的确是一项发明，其采用监管和标准的形式，而这些职能由某种政府形式来行使。因此，市场与政府是不可分开的，正如市场运行必须随着时间的推移而不断发生变化。

尽管此项发明尚处于发展完善之中，然而此项发明的特性以及监管对于市场运行的重要性被卡尔·波拉尼（Karl Polanyi）在其写于 1944年的经典著作《大变革》（The Great Transformation）中被重点提及。他认为，几千年前，贸易主要采取互相赠与礼物的形式，根本没有建立价格或交易媒介。人们制造礼物，只希望与其他人建立友好关系，这种关系或许以后会产生礼物回赠。要使市场存在，我们就需要将交易与关系区分开并将其正式化，而这总是需要政府监管。这就意味着要信任规则，相信即使那些人们不认识的人也会遵守这些规则。

本轮金融危机正促使公众对我们经济体系的不公平爆发不满，人们反应强烈，显然十分愤怒，有时甚至使用谩骂或暴力语言，认为商人们是群骗子，需要受到惩罚。[①]

金融危机本身作为一个故事，被人们以各种形式讲述着、复述着，这可能会促使人们觉得我们的经济体系更加不公平。关于目前这场金融危机的畅销书是从事调查性新闻报道的记者威廉·科汗（William

---

① 在部分回应不公平问题时，美国财政部鼓励几家大的投资公司创立"救助基金"（bailout funds），此举将使零售投资者以投资者身份参与政府对金融机构的救助行动。当然，人们可以采用许多方式参与救助行动，例如通过投资于参与救助的公司，然而更直接参与救助显然具有象征意义。

D. Cohan）所著的《纸牌屋》（House of Cards），该书的副标题为"华尔街上的傲慢与卑劣无度的故事"（A Tale of Hubris and Wretched Excess on Wall Street）。"卑劣无度"是文学批评家罗纳德·托拜厄斯（Ronald Tobias）认为所有成功的文学作品具有的 20 种基本故事情节中的一个。

在 2009 年出版的《动物精神》（Animal Spirits）一书中，乔治·阿克洛夫（George Akerlof）和我认为，这些反映人类心存私欲（human interest）的故事在左右宏观经济行为从而影响经济成功与否方面发挥着重要作用。这些故事对经济交易产生何种影响成为监管机构重点关注的一个问题。

1.3　监管的历史沿革

最初的股票市场和最初真正意义上的银行被人们认为行使着重要职能，但同时也很明显需要进行金融监管。这些机构容易受到严重危机的影响，危机又危害到经济增长，有时就形成了反向的螺旋式下降（negative spiral）。金融监管的历史可追溯到很久以前，甚至可追溯到 1637 年发生的疯狂郁金香暴跌事件，该事件当时促使荷兰政府一度将投机性花卉市场关闭了一段时间。其这样做是为了对付当时被称为"风中交易"（windhandel，wind trade）的一起社会心理事件，这种非理性交易不是基于实际物质而只是基于空气。1720 年，法国和英国的股市均出现暴跌，催生了形容这种事件造成心理影响的新名词，即"泡沫"，再次指向空气和缺乏实际物质，并进而导致出台相关的监管制度以防止类似事件再次发生。

从历史上看，监管创新时期往往呈波浪式出现，然后则是长时间的相对不受重视和机构的衰落。20 世纪 30 年代"大萧条"期间金融机构的倒闭使得人们普遍认识到这给金融体系造成的行为方面及系统性的风险，因此人们对金融监管的兴趣剧增。但是，随后的几十年里经济与金融保持稳定，促使学术界转而信任市场自然会运行良好，因而许多管制被取消了。这种自满情绪连同其助长的放松管制导致新泡沫的出现，而泡沫的破裂则导致了目前这场金融危机。现在有必要重新加强监管。

20 世纪 30 年代爆发"大萧条"以后，美国加强了联邦层面的监管。发生这种监管变化并不奇怪，因为"大萧条"时，金融机构无法开展国际业务，这一点与今天的情况很相似。人们对市场天然良好运行的信心有所减弱，鉴于"大萧条"时期出现的紧急状况，人们认为各州监管机构工作不力，认为这些监管机构规模太小，无法胜任监管工作。

让各州政府独立制定所有详细的金融机构监管法律既不可能，也不合适。此项工作具有规模效应。1892 年，美国成立了"统一各州法律全国专员联合会"（National Conference of Commissioners on Uniform State Laws，NCCUSL）的非营利组织，该组织与各州政府合作，提出标准法律的立法建议供各州采用。为了应对 1929 年股灾时暴露的 20 世纪 20 年代存在的金融受到滥用（financial abuses）问题，1930 年，"统一各州法律全国专员联合会"制定了《统一证券销售法案》（Uniform Sales of Securities Act）。然而，该部法案从未有过太大影响，因为只有 5 个州采用了该法案。后来，该组织通过了 1956 年的《统一证券法案》（Uniform Securities Act），该法案较为成功，37 个州采用了该法案，此后该法案被修订，至今仍对各州的证券监管机构产生影响。但是，由于联邦政府承担了大部分的金融监管职能，因此"统一各州法律全国专员联合会"逐渐被边缘化。

早在 1871 年，美国就成立了全国保险监管专员协会（National Association of Insurance Commissioners，NAIC），该组织旨在通过向各州建议有关保险监管的统一法律来帮助解决类似问题。今天，该组织比"统一各州法律全国专员联合会"发挥更重要的职能，因为联邦政府尚未承担保险监管职责。与证券监管相比，保险监管方法方面的这种差异是历史上偶然形成的。目前，美国提供联邦恐怖保险和农作物保险，没有实行统一的联邦保险监管。历史上曾有过几次建立全国性保险监管机构的尝试，均遭到既得利益者的反对。然而，大型保险公司——美国国际集团（AIG）的破产以及需要巨额联邦救助，突出了保险公司产生系统性风险问题的严重性，这也使人们重新关注联邦监管保险问题。2009 年 4 月，伊利诺伊州民主党众议员梅利莎·比恩（Melissa Bean）和加利福尼亚州共和党众议员埃德·罗伊斯（Ed Royce）提议制定联邦保险监管草案——《全国保险消费者保护法案》（National Insurance Consumer Protection Act，NICPA）。该草案提出颁发全国保险营业执照，接受联邦监管的方案。保险行业对该草案有不同意见，有的支持，有的反对，直至今日，该草案一直未有实质行动。根据奥巴马政府的建议，《多德－弗兰克法案》已建立了联邦保险监管办公室（Federal Insurance Office），致力于"开发保险技术，参与国际保险协议谈判，进行保险行业的政策协调"，[①] 但是由于未实行全国性保险营业执照，此项工作仍无法进行。鉴于保险业带来的系统性风险及其对人们产生的心理影响，联邦参与保险监管（与《全国保险消费者保护法案》提出的成立的系统性保险监管机构一起）是合适的。

---

① U. S. Treasury (2009), p. 39.

美国历史上最大一波金融监管浪潮开始于联邦层面，而非州层面。此波金融监管浪潮是为了应对 1929 年爆发的股灾以及接下来的"大萧条"。这些事件主要根源于各种泡沫、人们信心的波动及人的动物精神，这些成为金融监管部门面临的棘手问题，问题根源如此之深以至于很自然只能在联邦层面加以解决。

　　1933 年，美国成立了"联邦存款保险公司"，此举旨在应对一场严重的银行危机，这场危机曾导致当时全国所有的银行体系关门达一个月之久。虽然联邦存款保险公司是一家公司，不享受政府的财政拨款，但其明显行使政府监管职能。

　　《格拉斯－斯蒂格尔法案》（Glass－Steagall Act）（《1933 年银行法案》）将商业银行、投资银行和保险公司区分开。来自弗吉尼亚州的参议员卡特·格拉斯（Carter Glass）认为，商业银行的证券业务引发了 1929 年的股市大跌，许多银行因为从事证券业务而破产，商业银行利用其作为贷款人掌握的信息进行证券内部交易。该法案的颁布，是为了应对动机失灵以及承认当动机不能适当调整时，有可能引发不良行为。

　　1934 年，美国国会批准成立证券交易委员会，成为首个联邦证券监管机构。当时法律明确规定，所有证券经纪机构、证券交易所、财务顾问机构以及公共证券必须在证券交易委员会注册。如果证券交易委员会认定不符合相关规定，注册可能被拒绝，但是证券交易委员会也表示，注册并不意味着其代表的相关业务一定能够获得批准。实际上，证券交易委员会制定的一项重要规定是，禁止证券经纪机构向其客户透露某证券获得了证券交易委员会的批准。证券交易委员会的职责只是维护法规得到执行，其中主要涉及信息披露的相关规定。①

1973 年，证券交易委员会正式将财务会计标准委员会（Financial Accounting Standards Board，FASB）认可为可制定会计标准的一个自律组织。虽然证券交易委员会拥有颁布会计标准的法定权利，但该组织愿意让私人部门在其中发挥作用。证券交易委员会也指定"全国认可统计评级组织（Nationally Recognized Statistical Rating Organizations，NRSROs）"等评级机构承担监管职能，虽然其创立时完全为私营组织。

之所以采取这些不同的监管做法，有的是政府监管，有的是私营部门监管，是因为"大萧条"后考虑到美国经济实际情况，形成了一个受到高度监管的金融体系。

1.4 放松管制

"大萧条"过去了几十年，随着人们对大萧条时所产生困难漠不关心的自满情绪的出现，人们对"大萧条"时实施金融监管的反感逐渐增加。米尔顿·弗里德曼（Milton Friedman）1962 年出版的《资本主义与自由》（Capitalism and Freedom）一书中提出，大多数监管被特殊利益集团当做确保其自身利益的一种计谋。米尔顿·弗里德曼与安娜·施瓦茨（Anna Schwartz）合著的《美国货币史》（A Monetary History of the United States）一书认为，由于联储未能管理好货币供应，实际上政府是导致大萧条爆发的元凶。米尔顿·弗里德曼此前由于其观点保守

---

① SEC 需要推行信息披露规则可以在行为经济学原理中找到充分的理由：过度自信、控制幻觉、自私的偏见以及厌恶模棱两可等。Langevoort（2000）。

曾被边缘化，然而其日后影响却与日俱增。1966 年，米尔顿·弗里德曼被选为美国经济学会主席，并于 1976 年获得诺贝尔经济学奖。

保守运动不断发展，随之而来的是人们期望放松管制。这场运动的表现形式是 1980 年英国保守党在玛格丽特·撒切尔的领导下赢得大选，同年罗纳德·里根（Ronald Reagan）被选为美国总统。

1980 年颁布的《存款机构放松管制与货币控制法案》（The Depositary Institutions Deregulatory and Monetary Control Act of 1980）（由卡特政府签署生效）终止了有关银行支付存款利息的限制，并终结了各州高利贷（usury）方面的法律。取消高利贷法律规定的后续影响是按揭贷款放贷人得以发放次级贷款，收取足够高的利率以弥补未来不可避免要发生的违约和丧失抵押品赎回权（foreclosures）可能产生的成本。在市场开始对解除限制措施作出反应后，就需要扩大监管范围以保护借贷体系的稳健运行。然而，扩大监管范围却从未得到实施，而且在 20 世纪 90 年代和 21 世纪初，由非银行按揭贷款发放组成的"影子银行体系"（shadow banking system）在很少且不连贯的监管环境下得以发展壮大。

《1982 年加恩－圣杰曼存款机构法案》（Garn－St. Germain Depository Institutions Act of 1982）（由里根政府签署生效）完全取消了存款利率上限的限制，并取消了贷款价值比的法定限制。不幸的是，放松存款利率限制的同时，没有辅之对存款机构的风险进行监管，从而导致了储蓄与贷款危机（Savings and Loan Crisis），这场危机于 20 世纪 80 年代达到顶点并引发 1990—1991 年间的经济衰退。

《1999 年格雷姆－里奇－比利雷金融现代化法案》（The Gramm－Leach－Bliley Financial Modernization Act of 1999）实际上废除了《格拉斯－斯蒂格尔法案》，允许商业银行重新经营投资银行业务以及接纳保险公司为附属机构。

这些放松管制措施的实施，并非没有招致那些担心会引发金融动荡的人们的反对。然而，这些反对声音完全不起作用，因为拥有大量的短期内受益于放松管制的支持者，因此政治上没有反对放松管制的力量。而且，这些放松管制措施是在金融理论发生知识革命时采取的，而这些知识革命似乎暗示，或者至少轻率地暗示，即使没有监管金融市场也能完美地运行。

1.5　有效市场理论作为放松管制的原因

自 20 世纪 60 年代起，金融市场完美地发挥着积聚信息与价格发现的功能，不需要人为干预的思想在金融学术界的地位日益上升。1970年，尤金·法玛（Eugene Fama）对有效市场假说进行了卓有影响的研究，该研究援引了 40 多项研究成果，其几乎全部来自 20 世纪 60 年代。研究认为，"有大量证据支持有效市场模型，而且（在经济学里稀有地）很少有互相矛盾的证据"。20 世纪 70 年代以及 80 年代，该观点的影响力很大，成为经济学发生保守革命的一项基础。

1984 年，布雷利（Brealey）与迈尔斯（Myers）出版了第二版《公司财务》（Corporate Finance）这部流行财务教科书，当时正值有效市场假说的声望处于巅峰时期，该书的结尾列出一份主要财务原则的清单，其中第三项原则便是有效市场理论：

不要误解有效市场理论。有效市场理论没有说没有税收或成本，没有说人没有聪明和愚蠢的区别，该理论只是表明资本市场的竞争非常残酷——没有印钞机，证券价格反映了资产的真实价值。

虽然统计学检验结果揭示出资本市场存在一些明显的无效率现象（inefficiencies），但是大多数检验结果支持该理论。我们建议财务经理们接受资本市场是有效的理论，除非其有坚实、具体的理由相信其他理论。这就意味着信任市场价格，信任投资者，从而认可真实的经济价值。[①]

他们反对将人的判断因素用于评估市场价格，反对开展找出营业计划的优点及健全与否方面的工作，反对开展弄清楚特定的业务模式如何契合历史事件方面的工作。他们建议，在作财务判断时不要理会历史理论或心理理论，而要严格依据历史收益数据得出的量化风险框架进行判断，并通过这样的量化分析构建最优的资产组合。这种极端观点经不起时间的检验。1988年，该书出版了第三版，书中保留了上述大部分观点，但却摒弃了建议信任市场价格的内容。作者所持极端态度也变得较温和。2008年，该书出版了第九版（新增加一位作者富兰克林·艾伦（Franklin Allen）），书中将这部分内容替换为题为"有效市场理论例外情形有多重要"的一节，其中论述了投机性泡沫和非理性繁荣等内容，其结论是：

"需要进行更多的研究才能充分理解为何资产价格有时如此偏离其未来收益的折现值。"[②]

这只是一个例子，但这似乎表明对有效市场的极端信任开始减弱，这可能预示着行为金融理论的开始，反映出公众对1987年股票市场暴

---

① Richard Brealey and Stewart Myers, *Principles of Corporate Finance*, 2nd Edition, McGraw Hill, 1984, p. 784.

② Richard Brealey, Steward Myers, and Franklin Allen, *Principles of Corporate Finance*, 9th Edition, McGraw Hill, 2008, p. 972.

22 | 美国金融市场改革：《多德－弗兰克法案》颁布前后的反思

跌的反思以及人们态度的根本转变。

　　尽管如此，甚至在今天，反对监管的人常常将此问题视为应辨别哪些是聪明人，哪些是政府官僚和市场。这些人断言，很明显市场赢了，由于市场被那些成功人士及了解每只股票详细情况获得高额回报的投资者们所主宰，最终只有游戏的胜者才能留下。他们认为，政府官僚往往报酬很低，他们常常是些对市场所知甚少的政治任命官员。①

　　人们往往将政府监管人员视为没头脑的官僚，但是，从我个人与一些政府监管人员交往的经验看（曾参与证券注册程序），我看不出他们的智力与智慧比普通的金融从业人员要低。这些监管人员中有许多人与学校教师和护士一样，显然接受了低廉的报酬（根据他们收入低也是其价值体现的假设，同监管机构一样，这些监管人员常常不受人们尊重，而我从不认为这种观点是正确的）。金融监管人员对金融感兴趣，但是在某些情况下他们至少不想如私营部门工作要求的那样全部承担工作职责，不想做出在他们看来是道德上的妥协，例如不得不出售他们自己不能完全信任的产品。人们由于各种原因选择了不同的职业，其中一些与性格有关。运用心理学研究的成果，会计师（他们可能被视为私营部门的监管者）被发现天生具有怀疑和批评的特征，偏爱按照稳健、有序的方式开展工作。②

　　很明显，贬损监管者很容易吸引人们的注意力，但是这却未能触及监管的本义。这就如同说，在体育比赛中我们不该有裁判，因为裁判本

---

　　① 经济学家 Scott Sumner 在被 Greg Mankiw 2009 年 3 月 22 日在其博客上称为"杰作"的一篇被引用的文字中，这样说道，"因此，监管中反对有效市场假说的论据必须基于下列各项：银行家们是非理性的，因此发放了许多愚蠢的贷款。监管机构是理性的，因此可以看到这些贷款风险太大，可以保护银行家们避免伤及自身。理论上，这甚至经不起微笑检验"。

　　② Wolk and Nikolai (1997), p. 11.

来就比不过运动员。实际上，裁判对于体育比赛来说至关重要，因为只有当有裁判时最优秀的运动员才能表现其真实才能。裁判加上一套好的规则，可以防止出现野蛮比赛以及可能影响到最优秀运动员能力发挥的作弊行为。孩子们在空地上无人看管情况下自发进行的游戏如果没有裁判，也会有规则，而且孩子们有时会主动为游戏制定新的规则，以使他们玩得更好。这些孩子就是今天在我们经济体系中发挥如此重要作用的自律组织的原型。

良好的监管在于能识破金融部门可能使用的伎俩和故意操纵行为。专业监管人员开发专门技能（正如体育监管人员所做的）来识别欺诈行为，评估道德行为，或者将善意的行为与欺骗行为区分开。如同足球比赛中裁判会发现某些球员故意伤害他人或者故意假装受到伤害，并努力锻炼其判断能力以公正监督比赛，金融监管者也必须运用其判断能力，对金融机构的动机及是否有欺诈行为进行判断。

因此，不过分墨守成规而是依靠训练有素的监管人员判断的监管，本质上与我在此所称的金融人性化密切相关。妥善实施的监管意味着运用心理理论和金融理论，只有训练有素的监管者才能够做到这一点。

1.6 放松管制为当前这场危机的一项成因

历史上发生的每一个著名的事件都有多种成因。危机发生前已存在的非理性繁荣就是这样。危机发生的原因主要在于以社会传播形式（social epidemics）存在的反馈机制，这种传播导致投机性泡沫，这些泡沫最终都会破裂（Shiller，2005）。但是，危机的成因中也包括监管失灵。

放松管制加上存款保险是 20 世纪 80 年代发生储蓄与贷款危机的根源，这也是导致当前这场金融危机的一项重要因素。监管未对股市与住房市场存在的泡沫施加任何控制，并由于对银行实施了顺周期的资本监管加剧了经济的下滑。

很明显，当前这场全球金融危机最初发源于美国，因为美国次级贷款市场首先出现了遭遇麻烦的征兆（2007 年夏季）。当时，由于投资于美国次级按揭贷款的一些欧洲对冲基金发生倒闭，欧洲也出现了麻烦，但是显然这些机构的倒闭与其对美国的投资有关。因此，人们常常将这场全球金融危机的爆发归咎于美国。由于美国被视为资本主义的精神堡垒，因此这场危机也连带地使人们对资本主义制度的基本原则产生了疑问。但是，尚未产生任何可以替代资本主义的其他理论。

放松管制似乎反映了人们对系统性风险满不在乎，与有效市场理论的发展一样，其是导致监管失灵的另一项根源。几十年未发生大的系统性危机之后，人们很容易以为我们处在对这些风险有免疫力的一种经济制度中。监管者们似乎已经忘记监管的主要目的在于抑制投机性泡沫的膨胀，或者是抑制过度自信与自满的浪潮。有效市场理论产生的微妙效应是，似乎监管者应重点防止微观管理不善，市场作为一个整体并不是总不会出问题的。

威廉·麦克切斯尼·马丁（William McChesney Martin）——1951年至 1970 年担任美联储主席——曾经说过，"联储的工作是在晚会进行中收拾餐具"。[①] 这暗示着经济繁荣模式采用一种陶醉或非理性的形式。实际上，他曾公开反对金融过度问题（financial excesses）。但是，他似

---

① Quoted in *The Origin of Financial Crises* by George Cooper.

乎是最后一位表达这样观点的联储主席，因为当他离开联储主席职位时，有效市场的理论革命已经呼之欲出。

1.7 监管泡沫以及相关的杠杆活动

直至最近，就"有效市场"达成的共识是，各国货币当局不应对投机性泡沫采取措施。人们甚至认为几乎不存在泡沫，"泡沫"一词也很少在金融教科书的索引中出现。关系到金融市场运行的一项重要的人的因素被忽略，而重新考虑这一因素对于监管来说十分重要。

如果泡沫根本不存在，那么泡沫自然就不可能与公司及住户的杠杆活动有关。人们关注杠杆问题主要是为了保障银行存款安全进而保障货币供应的安全。那些不吸收存款因此不存在挤提风险的机构自然不会造成系统性风险。哈尔·斯科特（Hal Scott）在其 2005 年主编的关于资本充足性问题一书的前言中说道，"至关重要的是，证券公司和保险公司都不会产生系统性风险，因为这些公司不吸收可随时提取的存款，它们拥有较弱的诸如存款保险或银行业具有的最后贷款人保护等公共安全网（public safety nets）"。[①] 他认为，证券公司监管的目的在于确保当证券公司破产清算时拥有足够的资本，以免对公司客户造成损失。保险公司监管的目的在于使各公司具有充足的资本以覆盖承保风险，即对保单持有人的义务。不幸的是，过去几年里，我们发现系统性风险对于这些公司来说其实非常重要。突然之间，美国的每一家大型投资银行都无法继续经营下去，需要政府的巨额救助（bailouts），美国最大的保险公

---

① Scott（2005），第 4 页。

司——美国国际集团——需要政府快速投入巨额救助，以免使整个美国经济产生系统性风险。[①]

随着有效市场假说逐渐失去其光环，上述观点发生了转变。2005年，在联储举办的杰克逊·霍尔（Jackson Hole）研讨会上，拉古拉姆·拉詹（Raghuram Rajan）发表了论文，认为不关注交易对手风险的风险管理措施（例如信用违约互换）产生的系统性风险会危及金融体系，当时正值危机发生前房地产和股市泡沫处于巅峰时期。然而他的观点被忽视了，这是导致问题爆发的自满行为的一种症状。

在联储 2008 年举办的杰克逊·霍尔研讨会上，卡什亚普（Kashyap）、拉詹和斯坦（Stein）撰文认为，应建立一种不同的、逆周期资本要求的监管体系。这意味着监管当局在经济繁荣时必须对银行资本标准提出严格要求，同时必须遏制泡沫的膨胀，而当经济遭受系统性压力时则应放松资本要求。他们进一步指出，银行应安排好在出现系统性经济危机时可能需要的资本增资（contingent capital infusion）（以存放于"银行存款箱（lock box）"中的证券来支持），这种安排可当成一种经济灾害保险（economic disaster insurance）。这样做是对冲泡沫风险的一种方式。

申铉松（Hyun Song Shin）（2008，2009）建立了有关杠杆化银行体系中存在的系统性不稳定及可能导致放大对新闻报道反应的反馈因素的模型，他认为货币当局需要将此因素考虑进去，当杠杆周期开始时顺

---

① 有趣的是，Scott 所编辑的同一卷书收录 Mark Flannery（2005）所写的关于使用反向可转换债券（reverse convertible debentures）管理系统性风险的一篇重要论文，该思想后来被斯夸姆湖小组（French 等人，2010）进一步发展，这些债券现在已经被重新命名为混合监管证券（regulatory hybrid securities）。

时而为。福斯特尔（Fostel）和吉纳科普勒斯（Geanakoplos）（2008）建立了杠杆周期模型，认为政府应进行干预以降低杠杆化程度。

　　这些论文虽然并未强调行为经济学的重要性，但是在我看来，这些研究方法中有些可能正表现出了人的心理作用。根据福斯特尔和吉纳科普勒斯建立的模型，人们的偏好各不相同，乐观的人在杠杆周期上行时进一步增加市场份额。但是，如果有人问起为什么人的偏好不同，这就属于行为经济学研究的领域。

　　迈克尔·戈德堡（Michael Goldberg）和罗曼·弗莱德曼（Roman Frydman）（2009）的研究表明，政府应考虑区分买多（long purchases）和卖空分别实施不同的保证金要求，以便在市场遭受投机性因素引发的动荡时稳定市场。例如，在泡沫破裂时，联储可以降低对买入交易的保证金要求，提高对卖空交易的保证金要求。实际上，联储在"大萧条"时期就曾采取这样的政策，当时有效市场假说在学术界还远未有如此大的影响力。① 然而联储在最近的经济繁荣时期却不愿采取这样的措施，因为其对市场价格的尊重达到了病态的程度。

　　在令人惊奇地终止了长期以来信奉的自由市场原则后，2008 年 9 月，美国政府曾禁止对一份很长清单上的股票进行卖空交易。卖空曾被视为金融体系中的一种正常操作。早在 1977 年，爱德华·米勒（Edward Miller）就曾指出，如果不允许进行卖空交易，那么金融市场就不可能是有效的。因为若没有卖空交易，那么就没有任何力量阻止一小部分狂热的、不充分掌握信息的投资者推高股价，以至于股价对于那些掌握信息的人来说过于昂贵。后来，政府反过来放弃了卖空交易只能在股价报升时进行的股价报升规则（uptick rule），这样做是基于股价

---

① "The New Margin Requirements," Hartford Courant, October 29, 1937, p. 16.

报升并未起作用的相关研究结论（Bai，2007）。

卖空受到批评是因为卖空交易容易造成螺旋形下行的一种负面泡沫（negative bubble）。然而，这正好与上行泡沫相反，会抵消泡沫的积累。实际上，拥有资源的人，即那些被卖空的公司自然反对卖空交易。一些国家仍然禁止卖空交易，其原因与历史上为何有如此多的关税原因相似：那些受益于关税的行业往往游说实施关税，但是，关税给普通公众造成的损害却很分散，不能形成反对关税的政治力量。

近期政府采取的干预住房市场的相关措施，例如总统奥巴马签署的《住房可负担及稳定计划》（Housing Affordability and Stability Plan），有利于维持住房市场价格，从而实现更广泛意义上维持经济繁荣的目标。有时，采取这些措施的理由受到一些观点的挑战，这些观点认为，政府不应试图维持人为高企的房价，而只应防止房价的超调（overshooting）。

在有效市场假说理论在金融学术界统治力达到顶峰时，采取任何干预金融市场的措施都是不可想象的。现在，由于情况紧急，采取这些干预措施得到人们的同意，虽然证实采取干预措施是合理的，但相关学术理论似乎并未形成。

鉴于有效市场假说对我们经济制度和经济造成的影响，该理论是人类思想史上最为明显的错误之一。也许更适宜将其称做经济思想上最为明显的"半个真理"（half truths）之一。1970 年，法玛甚至承认，该理论有一些相反的证据。不幸的是，该理论明显地影响了经济理论以及逆周期监管政策，而本应考虑到人们心里所想以及实际发生的情况。

当然，监管机构不能准确地计算市场时机（time the market），然而这并不意味着监管机构就完全不去考虑市场泡沫问题，因为市场泡沫成因中就有心理传播因素。有效市场理论存在一项根本矛盾，很早以前格罗斯曼（Grossman）和斯蒂格利茨（Stiglitz）（1980）就曾指出过这一点：如果人人盲目地假定市场是有效的，那么人们就不会采取措施来利用市场上存在的无效率（inefficiencies）因素，因此就不会有力量促使市场变得有效。如果每人都认为市场无效，并因而努力加以利用，那么市场会变得有效。由于套利的成本昂贵，因此不存在理性预期的均衡状态。或许，在其模型中加入一点人的心理因素的影响，那么完全可以预期我们游走于相信市场有效阶段和质疑（chastening）阶段之间。

心理学家指出人类犯错误的最重要的原因之一是疏忽大意（inattention）。人类个人乃至人类社会擅长于解决他们所关注的问题，然而他们也可能完全忽视问题直至这些问题奇怪地失去控制。受关注应具有一定的社会基础，所以即使类似古希腊神话中的卡桑德拉（Cassandras）等预言家们在问题尚处于发展阶段就试图把它们指出来，人们常常不听，甚至也听不见。我的观点是，我们需要一个系统性的监管机构，其部分职责在于当其他人在关注其他问题时，其至少能系统地考虑泡沫问题，并在泡沫形成过程中采取一些应对措施。有效市场理论处于统治地位，而我们过去一直没有这样的监管机构。针对泡沫以及杠杆操作，我们必须采取人性化的政策，以便使监管者基于心理理论获得的判断采取措施。

当然，对泡沫作出判断不是应对杠杆周期的唯一措施，还需在技术上采取一些措施，例如建立信用违约互换清算所（此项工作目前正在进行之中），调整宏观审慎制度，以在经济不景气时取消抑制贷款的资本充足要求（Turner 报告，2009）。另外，斯夸姆湖小组（Squam Lake Group）建议，在经济不景气时建立资本形成机制（French 等人，2010）。

1.8 鼓励发展有助于实现风险管理民主化的对冲市场

如上文所述，当前的经济周期很大程度上是由未能管理好住户和公司面临的房地产风险造成的。房地产风险直接影响到大多数住户，因为他们拥有自己的住房。鉴于此，金融理论明确表明，个人应采取措施对冲这些风险。

房地产风险不容易管理，因为几乎没有流动的市场来管理这些风险。多年来，我和我的同事们一直在致力于研究如何管理存在房地产风险的流动市场，为管理房地产风险提供基础条件。这样做有利于实现金融民主化，因为房地产风险对于绝大多数中、低收入美国人来说十分重要。

2006 年 5 月，芝加哥商品交易所（Chicago Mercantile Exchange）在美国 10 个城市建立了单一家庭住房的期货市场以及 10 城市住房市场的综合期货市场指数。该市场提供了对冲机会，也提供了住房价格未来 5 年的走势展望。然而不幸的是，时至今日，该市场仍未发展起来。

当该市场被推出时，人们期望这会成为产生新零售产品的基础，通过解决住房所有者面临的房地产风险而实现金融民主化。该市场可以使公司提供诸如房屋净值保险（home equity insurance）、① 净值分摊或者

---

①　房屋净值保险（Home equity insurance）可追溯至 1977 年伊利诺伊州的橡树公园县（Oak Park）。多年以来，我和我的同事们一直主张开展这样的创新，而赔款的结算最好也以在衍生工具市场上交易的房屋价格指数（home price indexes）来办理，以便使风险可以得到对冲（Shiller, 1993）。2009 年，国会众议员巴尼·福兰克（Barnie Frank）开始草拟立法，使房屋净值保险成为现实。

共同所有（equity sharing or co－ownership）（Caplin 等人，1997）或者连续重组按揭贷款（continuous workout mortgages）（Shiller，2003，2008）等零售产品，而且这或许有助于实现波斯纳（Posner）与津盖尔斯（Zingales）（2009）提出的"预先包装破产"（prepackaged bankruptcy）建议。上述这些措施中的任何一项本可以避免如此众多的房屋所有者陷入如今产生的大量丧失抵押品赎回权的处境。

当时人们期望未来 5 年房价市场预期走势路径的期货曲线会有助于使经济周期理性化。2006 年 5 月，我们推出期货市场后不久，市场就出现大量延期交割（backwardation）情况，这就意味着市场预期在接下来的数年里房价会大幅下降。当然我们并不认为这些市场是高度有效的，而且价格可能并不能准确预测未来房价的实际走势。然而，值得注意的是，市场确实预测住房市场会发生极端情况，而正是这些情况引发了目前这场金融危机。

如果人们一直关注这些市场的变化，那么人们就会预见危机的到来，并会采取措施防止危机的发生。例如，房屋建筑公司或许永远不会让房屋建筑的异常繁荣景象——该繁荣景象于 2006 年达到顶峰——得以持续，因而就不会出现未出售房屋的大量积压，直到今天这种状况仍对经济造成拖累。[①]

---

① MacroMarkets 公司努力拍卖主要都市房屋（Major Metro Housing）证券化的资产——在纽约证券交易所交易的房地产证券 MacroShares，其价格基于标准普尔∕Case－Shiller 房屋价格指数。这些 5 年期的证券，股票行情代码分别为 UMM（表示上城区）和 DMM（表示下城区），便于股票交易，并允许多头或空头头寸持有单一家庭房屋。这些措施如果成功得以实施，就会形成更好的价格发现机制，也会增加房屋价格期货市场的流动性。

1.9 鼓励发展实现金融民主化的其他技术

长期以来，政府一直在鼓励金融创新以更好地服务民众，当我们考虑未来可能进行的创新时应牢记这一点。联邦政府通过税收政策（主要是国内税务局 IRS 法规 401（K）条款和 403（B）条款）大力鼓励发展其制定的养老金缴费基金计划。在 1980 年以前，这些计划几乎不存在。1960 年，国会通过了不动产投资信托（real estate investment trust，REIT）的创新产品，使得小投资者可以参与商业不动产的投资。这是实现金融民主化目标的重要一步。从根本上讲，共同基金行业由国会（通过颁布《1940 年投资公司法案》）与监管机构（通过解释形成目前401（k）条款计划的法律条文）共同发明，旨在帮助个人管理其投资组合。

考虑一下政府主导的共同基金这种创新的重要意义。目前，几乎一半的美国住户直接或作为规定的养老金缴费计划的一部分拥有共同基金。根据联储资金流量表 L122 的统计，2010 年第二季度，共同基金股份余额为 6.78 万亿美元（因为市场的下跌，较 2007 年第三季度高点时的 7.89 万亿美元有较大幅度的下降），这占住户金融投资总额的很大一部分：相比较，住户直接拥有 5.5 万亿美元的股票和 3.88 万亿美元的信贷市场工具（credit market instruments），两项总计为 9.33 万亿美元。这可以说是通过使个人能够拥有多样化的风险资产组合实现金融民主化的一个例子。但是，这些过去发生的金融创新并不是创新过程的终结。政府应在未来的金融创新中发挥作用。

共同基金行业也需要改进。共同基金行业深受过高的手续费和基金管理公司号称胜过市场（outperform the market）的误导性广告宣传之害。彼得·沃利森（Peter Wallison）和罗伯特·E. 利坦（Robert E. Litan）认为，相关的监管法规鼓励收取高昂的手续费，这些监管法规要求每家共同基金公司设立董事会，聘请金融顾问管理基金，监管机构期望董事会按管理基金的一定比例向金融顾问支付佣金，从而允许赚取合理的利润，随着管理资金规模的增加，比例逐渐缩小。这种安排抑制了共同基金之间的价格竞争，鼓励大的证券公司管理共同基金。他们认为，投资基金监管应借鉴加拿大、日本及欧盟许多国家的模式：应对监管结构进行改变以使金融顾问与公众直接竞争，不需要监管机构期望董事会以赚取"合理利润"为目的的介入。[①] 这些国家的基金佣金费率并不比美国低，但是沃利森和利坦表示这样做有其他原因。

共同基金行业误导性的广告宣传使得公众深信，他们能够成功选择那些业绩特别优异的共同基金，人们应该向业绩优异的基金经理们支付高额的佣金。共同基金投资者往往将其资金投资于表现最优异的公司（Del Guercio 和 Tkac，2002）。然而过去的业绩表现并不能较好地预示着未来的投资回报（Berk 和 Green，2004）。因此，应重新考虑对广告宣传进行严格监管以纠正这种糟糕的错误行为。

公众产生这种误解部分是由基金的行业结构造成的，虽然监管机构规定广告宣传不能过于有选择性，但是有关基金过往回报的广告仍然会对人们产生误导。此问题部分与"孵化器基金"（incubator fund）问题有关。共同基金公司有选择性地对外宣传其旗下成功基金的案例，对那些不明白共同基金公司故意创立许多"孵化器"基金，然后大肆宣传其中偶然获得成功的基金而绝口不提那些不成功基金策略的人们造成误

---

① Wallison 和 Litan（2007）。

导。对于不了解上述做法的投资者来说，其看到基金公司的广告宣传就觉得该共同基金很成功，并产生共同基金管理将持续产生回报的错误印象。证券交易委员会针对那些过分和欺骗性地使用孵化器基金策略的共同基金公司采取了一些执法措施，尤其是当基金采取将低报价（underpriced）的股票初始公开发行（IPOs）分配给这些基金的策略时。但是，当今这一根本问题仍然很盛行（Palmiter 和 Taha，2009）。可以通过要求披露孵化器基金状况的信息，或者在广告宣传中禁止使用孵化器期间的投资回报等方式，抑制孵化器基金。

除了上述这些措施之外，政府在采取更广泛的措施以鼓励更好地管理具体风险方面发挥了作用。有关我们风险管理体系最显而易见的事实是，许多美国人（根据美国人口普查局（Census Bureau）的统计数据，2006 年有 4 700 万人）根本没有医疗保险。2010 年 3 月 30 日，总统奥巴马签署了《病人保护与可负担医疗法案》（The Patient Protection and Affordable Care Act），这是政府积极参与基本风险管理的一个实例。该法案新设立了全国医疗交易所（National Health Exchanges），建立了提供低成本医疗的新的竞争平台，限制了保险公司在现存条件下收取高额保费的空间，因此更便于从根本上管理风险。

在医疗保险之外，还有其他建议有待于付诸实施。有人提议扩大失业保险（Kippin，2009），有人建议提供针对谋生发生变故的生计保险（livelihood insurance）（Shiller，2003）。为了便于实施这些建议，应大力发展基础设施，例如建立新的经济计量单位（economic units of measurement）（Shiller，2009）。若要真正实现金融民主化，我们就需要考虑有利于应用风险技术的所有这些广泛的途径，并创造性地将妨碍运用这些创新工具的人的因素考虑进去。

1.10 投资者信息

　　解决这些人的方面问题的一个根本方法是改进投资者信息状况，这方面政府监管已经致力于促进可以获得投资者的信息及信息的准确无误。例如，证券交易委员会要求金融顾问实行注册制。为了符合条件要求，金融顾问从业者必须通过自律监管机构——FINRA 举办的《注册投资顾问法》（Registered Investment Advisor Law）65 或 66 系列测试。同样，证券交易委员会要求股票经纪人也实行注册制。为了符合条件要求，股票经纪人必须通过 FINRA 举办的 7 系列测试。但是监管仍有不完善之处。这些测试只是证明金融顾问或者股票经纪人具备了有关金融市场以及金融市场监管法规的基础知识。但是，他们被注册的事实被人们错误地解读为这些人是可以被信任的。人们常常没有意识到他们的金融顾问在向他们销售金融产品时几乎没有动力关心产品的真实价值。这种做法必须改变，必须鼓励金融顾问以及股票经纪人为其客户承担更多的信托责任（fiduciary responsibility）。

　　总统奥巴马提议设立新机构，保护个人免于不良金融惯例的侵害，该提议最终通过《多德－弗兰克法案》设立消费者金融保护局得以实施，该机构将有权收集有关金融惯例的信息，制定新规则来保护个人免受信用卡、住房按揭贷款、账户透支、发薪日贷款（payday loans）以及其他金融产品的不良惯例做法的侵害。

　　总统提议吸收了伊丽莎白·沃伦（Elizabeth Warren）提出的建立"金融产品安全委员会"（Financial Products Safety Commission）的建议，该机构将充当打击滥用金融行为的信息中心，这方面与"消费者产品安全委员会"（Consumer Products Safety Commission）非常相似，该机构在保护消费者远离香烟打火机、婴儿床以及婴儿学步车等危险性产品侵害方面十分成功。她的建议是建立一个政府机构，"收集哪些金融产品最不被人理解、哪种信息披露最有效以及哪些金融产品最可能引发消费者违约等信息"，即建立"金融消费者产品专门知识库"。[①] 我们当今的金融监管部门未能重点关注消费者发现的各种问题，这是我们未能实施以目标为本进行金融监管的另一个表现。

政府已经规定要广泛实行信息披露。威廉·布兰代斯（William Brandeis）在其 1913 年出版的《其他人的货币》（Other People's Money）一书中指出，信息披露应是监管政策的核心，因为"阳光是最好的消毒剂"。证券交易委员会针对标准招股说明书（prospectuses）和自行草拟的招股说明书详细制定了一套政策，规定信息在何时以怎样的形式可以对外披露，可以在会议上或路演中对外披露，以及在何时必须上报电子文档。

但是，信息披露的结果常常是投资者在事后很难起诉股票发行者。实际上大多数人往往不看这些披露的信息，而是依靠口口相传、媒体报道以及投资顾问提供的信息（Shiller 和 Pound，1989）。只要这些来自其他方面的人了解披露的信息内容，信息披露就仍有意义。然而，对披露信息的了解并传递给最终的投资者做得非常不完善。正如伊丽莎白·沃伦所强调指出的，她建议成立机构的目的在于监督金融消费者签订的合约条款如何对外披露，并对例如长达 30 页、意在绕过金融消费者保护法规和避免被共同起诉的信用卡合约提出质疑。信息披露对于需要信息的那些人来说必须是有效的。

---

① Warren（2007）。

斯夸姆湖小组建议（French 等人，2010），特别针对系统重要性金融机构扩大基础设施范围，"提高政府预测、抑制以及理想化地防止这些机构对整个金融行业所造成破坏的能力"。建立数据库将会提高我们对系统性风险的了解程度。

已经出现一种朝着更及时报告市场价值方向努力的趋势。1993 年发布的财务会计标准（FAS）第 115 项标准就是一项重要举措，该项标准要求公司根据交易证券或持有供出售（held－for－sale）证券的目的来分类的资产的公允价值来记录，虽然持有至到期日（hold－to－maturity）证券可以按其买入价记录在账簿上。这其中存在一些重要的人的行为方面的问题，可能会鼓励人们只考虑短期行为。贝纳茨（Benartzi）和塞勒（1995）的研究结果表明，更为频繁的报告促使人们缺乏远见地厌恶亏损，从而导致股票价格下跌。

运用市值法进行会计核算（mark－to－market accounting）是我们信息革命取得成果的一项标志，因此各种信息可以更自由地获得。总而言之这是件好事，这也标志着对有效市场的信任。许多或者说大多数投资基金它们自己认为在从事发现阿尔法（α）工作，即发现那些被低估的资产或表现将超出市场预期的资产。要求投资基金在经济遭受压力时实行市值法进行会计核算就意味着，要求它们否认已向其客户提供销售宣传。

我曾建议（2008）政府对公平、只收取手续费、专注（dedicated）的金融顾问予以补贴，以鼓励其服务被各收入阶层的人们所使用。"只收取手续费"意味着金融顾问签署一份声明，表示其除了按小时向客户收取手续费外，不获得其他任何补偿。"专注"是指金融顾问签署誓言，要专注于客户的长期利益。我们需要的是与客户建立没有妥协关系的人，因而这也是客户可以信赖的无私、有同情心的投资建议。

美国政府已经对金融顾问业务实行了补贴，因为相关费用可以在联邦所得税 1040 杂费纳税表的表 A（Miscellaneous Expenses，Schedule A）——工作费用及某些杂费（Job Expenses and Certain Miscellaneous Deductions）扣减项下的第 23 行予以抵扣。但是，只有那些逐条列记且杂费超过调整后总收入 2% 的金融顾问才可以扣减，因此不包括中等收入人群，而且自然对于低档纳税人补贴的幅度也很低。我的建议是，政府应对签署声明只收取手续费且专注于客户的那些金融顾问提供更为统一的补贴，这一点与全国个人金融顾问协会（National Association of Personal Financial Advisors）对其会员的要求非常相似。

证券交易委员会限定将诸如对冲基金等精细化投资产品只能出售给证券交易委员会"D 条例"中定义的"合格投资者"（accredited investors）。合格投资者必须拥有高收入或者大额财富。证券交易委员会规定的合格投资者定义在当今公众要求应对这场金融危机的民主化金融的新世界里可能不会继续存在。实际上，那些代表小投资者投资于只出售给合格投资者的证券的基金已经绕过目前合格投资者的规定，但是这些基金有时会收取过高的手续费，却不关心投资者的具体情况，作为金融顾问他们本不该这样做。最近有人建议修改有关合格投资者的财富和收入方面的要求，例如，芬格（Finger，2009）建议为拥有中等财富和收入的个人提供通过注册考试获得合格投资者资格的另一个途径。

为每个人的金融顾问服务提供补贴，取消合格投资者在财富和收入方面的资格要求将是实现金融民主化、提高我们金融体系的公平与基本公正目标的重要措施。

1.11　结论

为了应对 2007 年爆发的金融危机已经采取多种措施，包括推出新的金融工具以及建立政府机构，如果运用良好，这些措施会明显改善我们金融市场的效率。如果管理不善，这些措施反而会抑制创新和企业家精神，妨碍经济增长。摆在我们面前最重要的问题是，这些刚开始采取的措施如何能在未来使得资本主义制度基础更加坚固、更有效。

我在本文中提出，未来的政府机构，包括《多德－弗兰克法案》规定成立的监管机构采取的政府监管行为，以及自律监管组织、行业团体和单个企业采取的建章立制等措施，目标应是利用各种机会，实现金融民主化与人性化。到目前为止我们所看到的相关改革仅仅应被看成开始，其只是奠定了未来要真正进行改革的基础。负责管理政府监管机构或自律性监管组织的那些人必须明确，在其职责范围内，他们将要采取的措施与产生当前这场危机的相关业务惯例有本质的区别。这方面要解决的一些根本问题是：我们怎样应对金融危机及其根植于心理反馈与顺周期储蓄行为、就业与风险管理政策之中的复杂的根源，如何促进金融消费者保护以使个人能够最大限度地利用风险管理。只有当负责金融监管的人们就如何使人们参与更为健康和充满活力的金融体系问题进行创新性地思考时，金融民主化与人性化的目标才可能逐步实现。这就要求取消监管框架的随意性和严格拘泥于规章的不足，这常常使得监管机构无法准确认识到其所担负的职责。

如上文所述，《多德－弗兰克法案》实现了奥巴马政府有关建立新的金融服务监督委员会的请求，该机构将识别引发当前这场危机的那些新出现的风险。[1] 该委员会必须更多地关注并及时发现这些新出现的风险。然而,《多德－弗兰克法案》本身并未给出实现该目标的方法。该法案并没有说如何识别泡沫及如何应对。金融人性化意味着关注金融危机成因中人的因素,关注行为经济学这一新兴领域,而直到目前该领域对政府制定政策几乎没有影响。监管者必须理解经济学领域正在发生的变革,而监管改革最终能否取得成功将取决于其是否愿意与时俱进。

财政部在建议成立金融消费者保护机构时表示,"该机构将被授权为较为简单且直接定价的'普通香草型'(plain vanilla)金融产品制定标准"。[2] 该建议似乎受到最近有关行为金融学派研究结果的启发,该研究表明人们很难在复杂的金融产品中进行选择。[3] 虽然《多德－弗兰克法案》没有提及"普通香草型",但该法案却表示金融消费者保护局将确保"金融消费者产品与服务的市场透明有效地运行"。[4] 考虑到存在影响人们阅读很长的招股说明书和权衡取舍复杂因素的人性方面的弱点,创立"普通香草型"的金融产品以及确保透明度是实现金融人性化的一个例子。然而,同时我们不希望"普通香草型"金融产品重复老式金融产品的老路。老式的传统按揭贷款,伴随着高杠杆和波动的房地产市场,耗尽了成百上千万人毕生的积蓄。建议创立"普通香草型"金融产品的同时,也应当创造一个为金融产品建立新标准的机会,以便这些金融产品运行得更好。这就是 1933 年罗斯福政府建立家庭房屋所有者贷款公司(Home Owners Loan Corporation)所取得的成果,当时罗

---

① U. S. Treasury (2009), p. 10.

② U. S. Treasury (2009), p. 15.

③ Benartzi 和 Thaler (2002)。

④ Dodd-Frank, 2010, §1021 (b) (5), p. 605. http://frwebgate.access.gpo.gov/cgi-bin/getdoc.cgi? dbname=111_cong_bill&docid=f: h4173enr. txt. pdf.

斯福政府为长期按揭贷款制订了新标准，即对"普通香草型"按揭贷款重新合理定义，这与老式短期按揭贷款相比有明显改进。今天我们必须对罗斯福时代制定的标准再次进行改进。可以采取的相似措施包括政府推动建立诸如房屋净值保险、净值分摊或者连续重组按揭贷款等"普通香草型"金融产品或者预先包装破产计划。采用这些相对简单的金融产品可以通过对金融顾问服务进行补贴得到鼓励。采取这些新措施应是实现金融民主化的重要因素，而金融民主化有利于建立更好的资本主义经济制度。我们必须避免任命那些不理解金融创新的"普通香草型"的人来管理消费者金融保护局，不然，我们会停滞不前。

实现金融民主化意味着要重点创造性地推广风险管理等资本主义原则，使人人都受益，这是金融创新中一项激动人心的工作，其中会有许多新想法，会进行尝试并承担风险。

当前这场金融危机给人类带来的悲剧使我们陷入一连串尴尬的救助和特别照顾之中，这违反了秩序和公平理念。但是，如果我们从危机一开始就计划如何应对，那么这场人类的悲剧本来不必像这样来解决：这本来是风险管理而不是救助。我们需要思考如何将风险管理推广到广大人民，这其中要求我们认真开展金融工程方面的工作。本文列举的例子仅仅是开始，将这些建议付诸实施需要多年的努力，同时这场金融危机可能还会伴随我们好多年。

金融人性化意味着将我们从认知科学各个领域获得的知识真正地应用于改进人的因素对金融工程影响的计划之中。文中所列举的相关事例最多只能看成是开始，21世纪很可能是我们对人类心理及其与信息技术联系的理解发生迅猛发展的时代。我们必须见证知识进步被应用于建立更完善的金融体系。

这场金融危机未来终将被人们遗忘，重要的是危机曾给我们提供了一个着力使我们的金融体系与时俱进的契机，而在未来的多年时间里我们会不断运用那些新的运行规则。

参考文献

Akerlof, George A., and Robert J. Shiller. 2009. *Animal Spirits: How Human Psychology Drives the Economy and Why It Matters for Global Capitalism*. Princeton: Princeton University Press.

Bai, Lynn. 2007. "The Uptick Rule of Short Sale Regulation— Can It Alleviate Downward Pressure from Negative Earnings Shocks?" Unpublished paper. University of Cincinnati College of Law.

Benartzi, Shlomo, and Richard H. Thaler. 1995. Myopic Loss Aversion and the Equity Premium Puzzle. *Quarterly Journal of Economics* 110 (1) (February): 73—92.

Benartzi, Shlomo, and Richard H. Thaler. 2002. How Much Is Investor Autonomy Worth? *Journal of Finance* 57 (4) (August): 1593—1616.

Berk, Jonathan, and Richard C. Green. 2004. Mutual Fund Flows and Performance in Rational Markets. *Journal of Political Economy* 112: 1269.

Brandeis, Louis D. 1913. *Other People's Money and How the Bankers Use It*. New York: F. A. Stokes.

Caplin, Andrew, Sewin Chan, Charles Freeman, and Joseph Tracy. 1997. *Housing Partnerships: A New Approach to a Market at a*

Crossroads. Cambridge, M. A. : MIT Press.

Coats, David, Will Hutton, and Matteo Razzanelli. 2009. *Tackling the Global Jobs Crisis: Why the G20 Summit Matters*. London: The Work Foundation.

Del Guercio, Diane, and Paula A. Tkac. 2002. The Determinants of the Flow of Funds of Managed Portfolios: Mutual Funds v. Pension Funds. , *Journal of Finance and Quantitative Analysis* 37: 523—533.

Fama, Eugene. 1970. Efficient Markets: A Review of Theory and Empirical Work. *Journal of Finance* 25 (2): 383—417.

Finger, Wallis K. 2009. Unsophisticated Wealth: Reconsidering the SEC's " Accredited Investor " Definition Under the 1933 Act. *Washington University Law Review* 86 (3): 733 — 767. http://lawreview. wustl. edu/ in-print/ unsophisticated-wealth-reconsidering-the-sec％E2％80％99s-％E2％80％9C accredited-investor％E2％80％9D-definition-under-the-1933-act/ .

Flannery, Mark. 2005. No Pain, No Gain? Effecting Market Discipline via "Reverse Convertible Debentures. " In *Capital Adequacy beyond Basel: Banking, Securities, and Insurance*, ed. Hal Scott. New York: Oxford University Press, 171—196.

Fostel, Ana, and John Geanakoplos. 2008. Leverage Cycles and the Anxious Economy. *American Economic Review* 98 (4) (September): 1211—1244.

French, Kenneth, et al. 2010. *The Squam Lake Report: Fixing the Financial System*. Princeton: Princeton University Press.

Friedman, Milton. 1962. *Capitalism and Freedom*. Chicago:

University of Chicago Press.

Friedman, Milton and Anna J. Schwartz. 1963. *A Monetary History of the United States* 1867 — 1960. Princeton: Princeton University Press.

Goldberg, Michael, and Roman Frydman. 2009. " Financial Markets and the State: Price Swings, Risk, and the Scope of Regulation. " Presented at Center for Capitalism and Society conference.

Gramlich, Edward. 2007. *Subprime Mortgages: America's Latest Boom and Bust*. Washington, D. C. : Urban Institute Press.

Grossman, Sanford, and Joseph Stiglitz. 1980. On the Impossibility of Informationally Efficient Markets. *American Economic Review* 70 (3): 393—408.

Kahneman, Daniel, Jack Knetsch, and Richard Thaler. 1986. Fairness as a Constraint on Profit Seeking: Entitlements in the Market. *American Economic Review* 76 (4) .

Kashyap, Anil, Raghuram Rajan, and Jeremy Stein. 2008. "Rethinking Capital Regulation," Jackson Hole Symposium.

Kippin, Henry. 2009. *Anglo-Flexicurity: Insuring against Unemployment in the UK*. London: The Social Market Foundation.

Langevoort, Donald C. 2000. Organized Illusions: A Behavioral Theory of Why Corporations Mislead Stock Market Investors (and Cause Other Social Harms) . In *Behavioral Law and Economics*, ed. Cass Sunstein and Richard Thaler. Cambridge, U. K. : Cambridge University Press, 144—167.

Palmiter, Alan, and Ahmed Taha. 2009. Star Creation: The Manipulation of Mutual Fund Performance through Incubation. *Vanderbilt Law Review* 62 (5): 1485—1534.

Paulson, Henry M., Richard K. Steel, and David Nason. 2008. *Blueprint for a Modernized Financial Regulatory Structure*, Washington D. C.: U. S. Treasury.

Polanyi, Karl. 1944. *The Great Transformation*. New York: Rinehart.

Posner, Eric A., and Luigi Zingales. 2009. "The Housing Crisis and Bankruptcy Reform: The Prepackaged Chapter 13 Approach." Unpublished paper. University of Chicago. April.

Pozen, Robert. 2010. *Too Big to Save? How to Fix the Financial System*. New York: John Wiley.

Rajan, Raghuram. 2005. "Has Financial Development Made the World Riskier?" Federal Reserve Bank of Kansas City: Jackson Hole symposium. August.

Scott, Hal S. 2005. *Capital Adequacy beyond Basel: Banking, Securities, and Insurance*. New York: Oxford University Press.

Shiller, Robert J. 1993. Macro Markets: Creating New Institutions for Managing Society's Largest Economic Risks. Oxford: Oxford University Press.

Shiller, Robert J. 2003. *The New Financial Order*, Princeton: Princeton University Press.

Shiller, Robert J. 2005. *Irrational Exuberance*. 2nd ed. Princeton: Princeton University Press.

Shiller, Robert J. 2008. *Subprime Solution: How Today's Global Financial Crisis Happened and What to Do about It*. Princeton: Princeton University Press.

Shiller, Robert J. 2009. *The Case for a Basket: A New Way of Showing the True Value of Money*. With the assistance of Lawrence Kay. London: The Policy Exchange.

Shiller, Robert J., and John Pound. 1989. Survey Evidence on the Diffusion of Interest and Information among Investors. *Journal of Economic Behavior & Organization* 12: 47—66.

Shin, Hyung Song. 2008. "Risk and Liquidity in a System Context." Presented at Bank for International Settlements Conference.

Shin, Hyung Song. 2009. Reflections on Northern Rock: The Bank Run that Heralded the Global Financial Crisis. *Journal of Economic Perspectives* 23 (1): 101—119.

Turner, Adair. March 2009. *The Turner Review: A Regulatory Response to the Global Banking Crisis*. London: Financial Services Authority.

U. S. Treasury. 2009. *Financial Regulatory Reform: A New Foundation: Rebuilding Financial Supervision and Regulation*. Washington, D. C. June.

Wallison, Peter J., and Robert E. Litan. 2007 (Competitive Equity: A Better Way to Organize Mutual Funds. Washington, D. C.: The AEI Press.

Warren, Elizabeth. 2007. Unsafe at Any Rate, *Democracy* 5. Summer. http://www.democracyjournal.org/article2.php? ID =

6528&limit＝0&limit2＝1500&page＝1.

Wolk, Carel, and Loren A. Nikolai. 1997. Personality Types of Accounting Students and Faculty: Comparisons and Implications. *Journal of Accounting Education* 15 (1): 1—17.

第 2 章　构建更为稳健而有活力的金融市场

兰德尔·克罗茨纳

我们经历了自大萧条以来最严重的一次金融危机。2008 年秋天，实体经济同步发生了前所未有的急剧下滑。因此，有必要对监管政策和市场操作进行改革以减少类似事件再次发生的几率。在我们仍然反思此次危机的教训的同时，我想提出一些能够促使市场更加稳健而有活力的改革措施。

这些改革的目标是支持经济长期可持续发展，为消费者提供可靠及合理的保护。改革的重点应当是降低由单一机构存在问题或发生破产引起的"涟漪"演变为"汹涌海浪"的可能性，以免更广泛地影响金融体系和整个经济——传统的系统性风险问题。要降低金融体系中的系统性风险，首要的是降低监管和市场行为的顺周期性。

直接应对和减轻"大而不倒"（too big to fail）和"相互关联而不倒"（too interconnected to fail）问题是另外一个重要方面。"大而不倒"和"相互关联而不倒"问题产生于市场和法律框架存在缺陷，例如，破产原则和程序的无效率和不确定性导致债权人、客户和交易对手会挤兑一家机构，这一点我将在下文进行介绍。

另一个关键问题是，"贷款并出售"（originate to distribute）模式和资产证券化对市场和法律框架提出很高的要求。确保市场参与者和监管者获取准确而又及时的信息对避免风险集中和信心缺失至关重要，在评估这些风险时缺乏有关特定证券和机构的充分信息会产生这些问题。合理保护消费者不仅能够降低消费者受到的侵害，还能避免贷款标准和证券化资产中的抵押贷款质量存在不确定性，这种不确定性已经动摇了人们对证券化流程的信心。

由于金融稳定理事会（Financial Stability Board，FSB）——一个由各国财政部、中央银行、监管部门官员组成的国际组织——已经向二十国集团（G－20）提出了60多项改革建议，因此，我的观点是不全面的（FSB，2009）。例如，我不讨论重要的会计问题。此外，我不会详细介绍有关降低资本监管要求、计提贷款损失准备金和杠杆率的顺周期特点的建议，建议大家参看金融稳定理事会关于这些问题最近发布的报告（FSB，2008）。

我将重点讨论与目前市场和法律基础设施改革讨论有关的一些关键问题："大而不倒"、"相互关联而不倒"以及一些市场行为的顺周期性特点。我强调这些问题是因为我认为，这些问题是着手解决前几年的事件暴露出金融体系脆弱性的关键。

针对危机的起源和成因已经有很多论述——并将继续被论述（在此列出其中一些并非全部的论述：Adrian 和 Shin，2009；Brunnermeier，2009；Diamond 和 Rajan，2009；Friedman，2009；Gorton，2009；Kroszner，2009；Rajan，2009 以及 Shin，2008；2009）。对这个问题我将不深入探究。接下来，我首先简单地回顾一下我关于当前这场危机暴露出来金融体系存在的一些主要薄弱环节的相关观点。后面的部分将重点讨论五个领域的改革，我认为这些改革对于完善市场的私人参与者和政府监管部门的信息和激励机制很有必要，并促进金融体系更加稳健、有活力地向前发展。

第一，我将讨论信用评级机构在信息基础设施中所扮演的角色。我认为，我们不能将孩子和洗澡水一起泼掉，因为评级在传统的公司债务领域而不是结构化／证券化产品领域，一直是评估风险的合理、可靠的替代指标（proxy）。

第二，我将讨论抵押贷款证券化市场的相关改革，包括消费者保护和信息提供的作用，这对重新恢复重要的融资来源至关重要。

第三，我将讨论由于缺乏解决非银行金融机构破产清算的稳健框架所引发的金融不稳定和"资金挤兑"（funding runs）问题。

第四，我将论证，将场外（over-the-counter，OTC）的衍生工具合约移至中央交易对手清算平台（central counterparty clearing）对金融市场的更加稳健十分重要。改革破产清算制度和场外市场能够使机构关联性降低，降低金融体系受银行倒闭的"涟漪"演变为"汹涌海浪"的影响程度。

第五，我将简要讨论一下一些交易合约条款问题，这些条款乍一看似乎是保护交易对手，但对整个市场而言却构成了不稳定因素。

在此篇论文初稿在哈佛大学阿尔文·汉森研讨会上发表后，2010年，《多德－弗兰克法案》才出台。该法案涉及了我谈论的五项改革中除最后一项的其他全部内容。然而，该法案能否最终成功解决这些问题，将取决于法案如何执行，因为法案将如此多的重要决定都留给了后续建立的规章制度和采取的监管措施。我希望我对改革方面的建议能够为该法案的有效实施提供有益的指引和参考，同时我也强调了《多德－弗兰克法案》以外要进行的改革领域。

2.1 金融体系存在的主要薄弱环节

自 20 世纪 30 年代发生上一轮大规模监管改革以来，金融中介变得更加复杂和相互关联，但是监管框架却没有与此同步发展。监管框架的重点集中于保护银行及其主要的资金来源，即存款上。然而，银行不再发挥以前的职能，而且其面临的脆弱性与当初监管框架形成时也不同。例如，60 年前，存款机构大概持有金融部门 60％的资产，而在 2006 年，该份额下降了一半，到 30％（见 Kroszner 和 Melick 即将出版的著作）。

资产负债表上的资产方和负债方都发生了转变，二者的关联度更高。存款作为资金来源变得不那么重要。银行和其他金融机构一起开始越来越依赖以市场为基础的短期资金来源，例如商业票据、资产支持商业票据（asset-backed commercial paper）以及回购协议市场等。货币市场共同基金（Money Market Mutual Funds）在 20 世纪 70 年代以前并不存在，现在持有大概 4 万亿美元资产（约为银行存款的一半），并成为短期融资方式的重要资金来源。因此，货币市场基金的不稳定会对金融体系的其他领域产生巨大影响。

在资产方，银行和其他金融中介机构开始越来越依赖资产证券化的能力，即出售其产生的资产——贷款和抵押贷款。金融中介机构的这种"贷款并出售"模式严重地依赖证券化市场的运作，因此使得金融中介机构极易受到这些市场的任何不稳定因素的影响。

由于这些转变，银行和其他金融中介体系更加普遍地具有长链条特征，链条中的关键节点（links）是面向市场化的非银行中介机构，它们不依赖存款作为其资金来源（Adrian 和 Shin，2009；Kroszner，2010；以及 Kroszner 和 Melick 即将出版的著作）。于是，现代金融体系中的多个中介层次形成了相互联系的链条，使得金融系统更容易受到单个市场或机构冲击的影响。单个机构、市场对风险的错误管理或错误判断，如果不能通过取缔犯错误的机构而实现自我纠错（self-correcting），就会影响到整个金融体系，并引发人们对金融机构生存能力的质疑。由于潜在的相互关联和缺乏对交易对手风险敞口信息的了解以及不确定这些交易对手在遭受压力时是否会履行协议承诺，整个市场的信心就会动摇甚至崩溃。之前深度、流动的市场会突然发生冻结，这就暴露出抵押贷款等长期资产对杠杆尤其是短期融资的高度依赖。

对市场流畅运行的日益依赖同时影响到资产负债表的负债方和资产方，也对这些市场基础设施的恢复能力（resiliency），尤其是对信息以及契约的清晰明了和履行的法律方面提出了更高的要求。在下面几节我将阐述，推进相关改革可以降低金融中介的这些链条遭受其中很长又很复杂链条中单个薄弱环节的影响。

2.2　信用评级和评级机构的作用：别把孩子和洗澡水一起泼掉

大多数公共和私人监管体系依赖至少部分依赖那些大型信用机构如穆迪、标准普尔、惠誉以及一些规模较小或更专业化机构做出的评级。这些评级是信息基础设施的一个重要部分，而信息基础设施在依赖市场化融资而不是传统存款的金融体系中发挥尤其重要的作用。

从公共管理部门的角度来看，对一些种类的证券、衍生工具、贷款的资本要求在考虑到借款人或者交易对手的评级后应进行调整。证券交易委员会长期以来对评级高的证券给予较低的资本要求或扣减（hair-cuts）等优惠待遇。世界各国的银行监管者已经将评级结果纳入资本充足率评估之中，巴塞尔 II 资本监管框架就评级结果如何影响某些种类资产的资本给出了具体指导意见。评级结果也用来限定具体证券投资组合中可以包含哪些投资。例如，《1940 年的投资公司法案》中 2a－7 条规则规定，禁止货币市场基金持有评级较低的短期债券（SEC，2005）。然而，《多德－弗兰克法案》以及最近出台的一些规章，有助于降低公共部门对信用评级的依赖。

私人部门参与者也在很多方面依赖信用评级。例如，机构投资者中，很多内部的风险管理系统和投资委员会严重依赖评级结果来决定资产组合配置以及资产组合中可以或不可以包括哪些资产。在一些情况下，评级下降会导致投资经理卖出相关的证券。我在本文的最后一部分讨论潜在不稳定合约时要谈到，在很多合约中，评级下降会触发对某些业务活动采取限制措施，例如增加额外资本，或者采取其他措施为交易对手提供额外保护。

原则上，信用评级是概括一家公司或证券已知的诸多复杂信息的一种有效方式，这就是评级被监管者和私人市场广泛应用的原因。当约翰·穆迪（John Moody）在第一次世界大战之前首次建议使用一些简单的评级等级时，市场上很多人嘲笑他在做不可能的事情。然而，到了20 世纪 20 年代，简单的评级变得很普遍，其重要性在 20 世纪 30 年代也被证券交易委员会所认可。发展便于对不同证券间进行简单比较的评级等级，与 19 和 20 世纪时许多商品和期货交易所发展粮食和其他商品的连贯可靠的评级体系同时进行，评级使得这些市场更具流动性（Kroszner，1999）。

随着时间的推移，通过证券交易委员会制定的规则和私人部门的选择，人们越来越依赖"全国认可统计评级组织"发布的评级，这些组织接受证券交易委员会的监管。这种不断增长的依赖部分因为加长的历史记录，至少在传统公司债务领域，评级被认为是风险的合理、可靠的代理变量。然而，在过去几年中，未能为结构性金融产品尤其是按揭贷款支持证券（mortgage-backed-securities，MBS）和抵押债务债券（collateralized-debt-obligations，CDO）提供可靠的风险指引，导致人们呼吁进行大规模的改革（FSB，2009）。这些改革建议包括提高评级程序透明度，根本改变商业模式，甚至要求政府经营评级机构。

然而，让我们确定我们没把孩子和洗澡水一起泼出去。人们的担忧主要集中在潜在的利益冲突方面，因为是那些被评级的公司或者证券发行者给评级机构支付费用。重要的是要牢记，评级机构的这种商业模式已经存在了数十年。尽管潜在的冲突问题一直存在，但是为什么评级机构以前没有出现问题？既然传统的公司债务和结构化产品都可能潜在存在"取悦发行者"（to please the issuer）的利益冲突，为什么在此轮经济严重下滑时，传统公司债务的评级体系能够运行良好，与结构性产品的评级形成鲜明对比？

我认为竞争或者缺乏竞争能够解释这一点。对于传统公司债务来说，存在很多跟踪各个公司的分析师，他们自己评估公司的前景和风险。他们能够这样做是因为有大量公开、随时可得的信息，这样，评级机构相对于一个行业分析员来说的"信息优势"就不那么大了。此外，评估公司债务风险的模型相对容易建立，而且有长期的历史数据可以用来检验，并在不同的经济条件下对模型进行压力测试。因此，尽管只有三家大型评级机构，它们实际上面对着大量行业分析员和市场参与者的激烈竞争，而市场参与者可以用很低的成本实施尽职调查（due diligence)。换句话说,"信任但要核实"（trust but verify）原则在这些市场上能够合理有效地运行。

与这种情况相反的是结构化信贷产品,如 MBS 和 CDO 的分级（Kroszner,2008c）。第一,这些是相对较新的工具,历史相对较短,尤其是压力测试的时间更短。第二,这些证券往往更加复杂和难以模型化,相对于传统的公司债务而言要求更多的专业知识。第三,MBS和 CDO 证券不是标准化工具。不仅不同等级（tranches）证券（所谓的"瀑布原理"）间的损失共摊（loss sharing）协议因证券种类不同差别很大,而且按揭贷款还款是否允许进行贷款重组条件的差异也非常大。第四,没有描述这些证券资产特征的数据标准,这再次使得局外人自己评估风险的成本很高。第五,这些证券大部分发行量都很小,因此相对发行规模而言,判定和评估每个 MBS 或 CDO 特有特征的成本较高（我将在下一节分析这些特点对重振证券化活力带来的问题）。

因此,评级机构实际上在评估结构化产品领域面对的竞争要明显小于传统公司债务。[①] 评级机构在这两个领域的不同行为可以这样来说明:2008 年初,十多家公司被评为 AAA 级,却有 64 000 多个结构化金融产品渴望得到 AAA 级（Blankfein,2009）评级。公司债务等领域评级的可靠性继续存在,而同时,结构化产品的评级却被证明令人沮丧地不可靠,我认为竞争状况不同是理解这一差异的根本所在。

评级机构改革的重点应是引入更多直接或间接的竞争。《多德－弗兰克法案》和证券交易委员会采取的措施会改善行为准则,提高评级机

---

① 从补充竞争角度,Benmelech 和 Duglosz（2009）证明:只被一家主要评级机构评级的结构性产品分级,相对于接受多家评级机构评级的产品,随后评级更容易被降低。

构应用模型和数据的透明度。虽然这些改变将有助于市场参与者更多地监督评级机构，但这些只是朝着加强评级机构有效竞争方向努力所走的一小步。在美国和一些二十国集团国家当中，人们仍然对是否要对评级机构运营模式进行根本改革问题进行争论，其中包括最终未能包含在《多德－弗兰克法案》中的相关修改条款。尤其是，一些人建议终结"发行者付费"模式，认为"投资者付费"模式能够解决这个问题。虽然我认为允许不同的商业模式进行竞争以及评级市场的准入壁垒应该降低很重要，但是我也认为如果有足够的竞争，在传统的商业模式下进行的评级是值得信赖的。此外，对某些类型的投资者而言也存在潜在的利益冲突，他们可能想要实现较高的投资回报率，但同时仍然符合投资于高评级工具的监管或合约要求。他们可能有"评级膨胀"（grade inflation）的动机（Calomiris，2009）。因此，"投资者付费"模式也不一定会产生更优的结果，而且冒着将孩子和洗澡水一起泼出去的风险。

接下来我要论证，要想让证券化市场重新繁荣，需要对市场操作惯例进行根本改革，允许投资者以较低的成本进行尽职调查，因而能够有效提高评级机构在该领域所面对的竞争和监督。

2.3　重振证券化市场和消费者保护的作用

原则上，抵押贷款证券化在经济上很有道理：通过进入广阔的资本市场，证券化使得贷款发放人相比直接渠道能够获得更广泛的资金来源。此外，证券化能够使贷款发放人将贷款风险敞口限定在与利率波动相关的提前还款风险、贷款地理上的集中风险以及与将抵押贷款持有至到期日相关的信用和融资风险敞口等方面。实际上，证券化能够显著降低发放住房贷款的成本，而且较低的成本能够以较低按揭贷款利率的形式传递到住房所有者那里。

政府支持的住房企业（government-sponsored enterprises，GSEs——房地美和房利美，也被称做机构）在美国的抵押贷款证券化发展过程中扮演了重要角色。很大程度上，经营 MBS 的机构拥有广泛的吸引力可以归结为这些政府支持的机构对证券作出的明确担保。还有就是这些机构自身营造出的其背后有政府隐性支持的感觉。GSE 担保意味着，对投资者而言，对 MBS 机构资产池中包含的按揭贷款进行彻底、成本高昂的信用分析的回报较低，因此此项任务基本上由这些机构来完成。GSE 承担的风险日益增多，同时却没有对这些风险进行有效管理，尤其是当其经营活动和资产负债表快速扩张时。

很明显，这个结果对于 GSE、按揭贷款市场或者纳税人而言并不有利。即使在 20 世纪 70 和 80 年代机构 MBS 证券发行业务迅猛增长时，对住房按揭贷款资产池进行信用分析需要的最基础的设施——按照标准化格式可以得到的全面贷款数据——基本上也没有向前发展。鉴于人们认为 GSE 提供的保险最终由美国财政部支持，私人市场参与者几乎没有动力承担构建数据库和监督每笔贷款的这项成本较高的职能。当然，GSE 并没有动机向市场提供信息，因为其强调政府提供的隐性担保。提供更多的信息将有助于促进 GSE 的潜在竞争者开发按揭贷款模型。因此，GSE 的经营活动及其获得的政府隐性担保，促进了 MBS 市场的发展，但其代价是市场监督效力的降低及信息基础设施的发展不力。

从 21 世纪初到 2005 年左右，GSE 的潜在竞争者发行的"私人标签"（private-label）的 MBS（即非 GSE 发行）规模不断增长，但是数据和基础设施却远远滞后。住房贷款数据的缺乏并且无法获得是私人标签的 MBS 能够得以在 2005 年至 2007 年间快速扩张的重要原因，尽管贷款发放标准和信用表现前景出现恶化。这不是说更好的数据一定能促使投资者预测私人标签的 MBS 中存在的问题。但我确实认为，实时推断次级和中间级（alt-A，也被译成次优级）按揭贷款发放标准的下滑程度所需的信息，无法用于广泛的监督或者客观分析以便更清晰地重点关注这些风险，这是一个明显的障碍。

具有讽刺意味的是，按照"证券等级"（tranching）来支付私人标签的 MBS 的贷款本息，此举部分原因是缺乏 GSE 的担保而对私人标签的 MBS 购买者要求提供更多保护诉求的回应。如同任何一个快速发展的市场一样，存在一个学习的过程，需要花时间去理解风险和压力测试模型。市场参与者从最开始就严重依赖信用评级机构进行分析，提供 AAA 级评级认证，因为 GSE 发挥的作用和人们认为政府提供担保的观点使得发展相关的基础设施以使私人部门在这个市场上进行尽职调查的进展十分缓慢。

证券分级常常涉及资金支付结构，包括急剧的"悬崖效应"（cliff effects）或"尾端风险"（tail risks），这些很难利用模型来估值。换言之，很难发现偏离"平均表现"的潜在的可能性。这些结构与信用评级机构已进行多年评估的传统债务证券有很大差异。因此，那些低概率的"尾端风险"并没有在市场上受到充分的监控，因为在这个市场上进行独立的尽职调查尤其困难（Kroszner，2008d）。

虽然按揭贷款池的全面贷款数据对于重建人们对私人标签的 MBS 的市场信心而言是必需的（美国证券化论坛（American Securitization

Forum）正在开展这样的项目①），但是，为了重新恢复市场活力，并解决上一节所提到的这个市场上信用评级机构失灵的一些根源问题，还需要改进私人标签的 MBS 的合约结构。

首先，近年来，很多交易的复杂性使得非机构 MBS 很难进行估值。例如，看看 2006 年全盛时期达成的私人标签的 MBS 交易，一些次级信托产品包括三个独立的抵押贷款池——例如，最优级大额贷款（prime-rated jumbo loans）、中间级优先留置权以及次级贷款优先和低级留置权的混合——这些产品的现金流在十多种不同债券间按照复杂的资金支付规则来确定优先支付顺序。证券化合约或许规定，一个 AAA 评级的证券只能用最优级大额贷款产生的现金流来支付，而另一个 AAA 评级的证券可能根本不能从该资产池中获得资金支付。考虑到未来的投资者可能降低对评级的依赖程度，并希望自己做尽职调查，因此必须使用更加标准化、更易使用的简单估值方法，以降低该市场上的信息成本。

其次，私人标签的 MBS 中采用等级较少且等级较宽的做法有一些重要的益处。例如，投资者可能认为较大规模的证券发行更可能维持具有流动性的交易条件，以便当交易条件发生变化时，能够使得投资者以合理可预测的价格以及与其他在"较厚"的市场上交易证券相当的交易成本重新平衡资产组合。此外，很明显，分级的证券化资产面临着尾端风险——预计很少会发生但会带来负收益。许多等级较窄的分级可能更

---

① 见"全球恢复证券化市场信心的共同倡议"（Global Joint Initiative to Restore Confidence in the Securitization Markets），《恢复证券化市场信心》（Restoring Confidence in the Securitization Markets）。这篇报告由全球共同倡议指导委员会发起，该委员会由证券行业和金融市场协会、美国证券化论坛、欧洲证券化论坛以及澳大利亚证券化论坛组成。

容易受尾端风险的影响，因为贷款池中的信用损失更有可能会消除指定给整个分级的现金流，即所谓的悬崖效应。因此，未来那些依赖较简单的现金流和分级等级较宽的按揭贷款证券化资产可能会降低一些尾端风险，有助于投资者重拾信心。

再次，非机构按揭贷款证券化合约中包含了许多特殊特征，这限制了那些看起来结构相似交易之间的可比性。不仅每个等级现金流的还款责任可能存在细微却重要的差异，而且在所谓的"集合资金及还款协议"（pooling and servicing agreements）等其他重要条款方面也存在差异，例如，偿还资产池中贷款的责任以及规定表现不良的贷款可以返回给贷款发放者的相关情形的（法律）陈述和担保。通过规定何时进行及进行哪些种类的贷款修改和减计（write-downs）贷款本金，可以提高按揭贷款偿还义务的清晰度和连贯性，也会梳理和加快贷款重组（workout）程序，减少丧失抵押品赎回权情况的发生及向投资者支付本金和利息存在的不确定性。这将再次有助于降低市场参与者自行开展评估的成本。

因此，即使可以获得资产池中全面贷款数据，彻底进行信用分析既需要详细阅读介绍某一笔特定交易特殊结构的文件资料，也需要认真分析其现金流的优先顺序如何影响合约中规定的特定等级证券持有者的投资回报。尽管有可能进行这种分析，但是这可能超出很多投资者可以利用的资源范围。更多的分级少又不复杂的同质化按揭贷款证券化合约可能会明显地降低信用分析人员的准入壁垒，为评级机构有效提供更多的竞争，促进市场更加透明，也会增强投资者对证券风险收益特征的信心。

然而，即便实施了所有这些改革，由于人们对"贷款并出售"模式中贷款发放标准的担忧，按揭贷款证券化市场的恢复也会很缓慢。很多论述表明，贷款发放人如果将按揭贷款出售给 MBS，而不是留在自己账簿上直接承受损失的话，他们可能没有动力去认真评估抵押贷款还款的可能性（如《英格兰银行金融稳定报告》，2008；Seru，2009）。人们继续就贷款发放人在多大程度上利用其掌握的关于贷款质量的信息发放贷款，并在没有合理披露风险和定价风险的情况下把这些"坏柠檬"出售出去这一问题进行争论。在"贷款并出售"模式中，贷款发放标准的可信度当然值得怀疑，投资者要求提高该可信度后再重新回到市场。

如上所述，改进数据、信息披露和模型是至关重要的，但这也正如 2008 年联储提出的被包含在《住房所有权益保护法案》（Home Ownership Equity Protection Act，HOEPA）中的相关规则等消费者保护措施，这些措施也能够有助于恢复市场的可信度和重振市场活力（Kroszner，2008a）。《多德－弗兰克法案》也设立了消费者金融保护局，承担这个领域的相关职责。

抵押借款人、他们的社区、投资者以及希望重建这个市场的贷款人和证券化提供人，这些人都能够直接受益于稳健的贷款发放标准和保护借款人免受业务惯例（practices）被滥用的侵害。对消费者造成损害的业务惯例也打击了投资者的信心，并导致次级贷款市场几乎关闭，也对所有的按揭贷款市场产生影响。重要的是，需要积极实施相关制度，以避免发放损害借款人权益或标准欠稳健的贷款。通过实施稳健的贷款标准以保护消费者也会通过提高投资者信心来保护按揭贷款市场的健全和有效运行。

因此，合理有效的消费者保护对于重振这些市场的活力十分重要，因为这能够降低不确定性，恢复信贷流动，进而缓解金融危机造成的消费者信贷紧张局面。首先，《住房所有权益保护法案》确立的相关规则适用于"高成本"的贷款，即由包括银行、独立按揭贷款公司或按揭贷款经纪人在内的任意种类的金融机构发放的次级贷款。这些规则禁止贷款人除了房屋价值外不考虑借款人利用其收入和资产偿还贷款的能力就发放按揭贷款。其次，这些规则要求贷款人对其依赖的借款人的收入和/或资产价值进行核实以确定借款人的还款能力。再次，贷款人必须建立第三方保管账户（escrow account），以便于支付房产税及房屋所有人办理优先留置权的贷款保险。

这样的贷款发放标准不仅有助于保护消费者免受潜在的滥用业务惯例的伤害，还为那些试图估计与这种贷款相关的风险状况的市场参与者提供了合理、便利的方式。这样的贷款标准通过降低市场上"低质量"贷款的不确定性，能够有助于缓解"坏柠檬"问题，并进而恢复按揭贷款出售给 MBS 将遵守最低的贷款标准的可信度。

建立在数据披露更为详细、更为连贯和透明的合约及贷款标准得到改进基础上的按揭贷款证券化和结构性金融市场将有助于使信贷重新流入按揭贷款市场，使得市场更为稳健而有活力地适应市场条件的变化。

下面，我将离开那些具体的契约结构以及令证券化和结构性金融市场易受到侵害的业务惯例的话题，转而重点讨论机构问题，尤其是那些通过不同市场合约相互关联的大型机构。

2.4 改进金融机构的破产清算制度

尝试定义什么是系统重要性机构尤其困难。当市场业务惯例、产品、机构及其关系发生变化时，定义的界限也会随时间发生变化。《多德-弗兰克法案》授权给联储和新成立的金融服务监督委员会（联储是其成员之一）来确定哪些机构是系统重要性的，并对这些机构实施更高的监管要求。

相对于直接解决这个十分棘手的问题，我将重点放在使机构发生倒闭的那些变化，而与其规模或复杂性无关，这些机构也不可能是系统重要性机构。当然，在单一市场上任何一个重要机构的破产以及在多个市场上重要机构的破产，可能会产生涟漪效应（ripple effects）。我这里强调的改革可以降低破产从"涟漪"演变为"汹涌海浪"、对大范围的市场和机构产生破坏作用的发生频率。《多德－弗兰克法案》中有一部分专门规定为系统重要性机构建立一个新的破产清算制度，这应该受到了这些考虑的影响。

金融市场和机构倾向于非常依赖健全的法律和法院体系。这也就是为什么诸如破产等引起的不确定性对这些公司的冲击要远大于非金融机构。一个明显的例子是，2008年9月的前半个月，其余的大型独立投资银行面临巨大的压力。这些机构发现，无论是通过发行短期商业票据还是通过隔夜担保借贷市场（overnight secured lending markets，也称tri-party repo，三方回购），融资都变得越来越困难。此外，客户和交易对手也在远离它们。考虑到破产中如何处置合约存在无效和不确定性，公司的客户担心譬如他们的经纪人无力偿付债务会导致他们的账户被冻结——即便只是临时冻结。当存在这样高的流动性需求时，即使发生不能交易以及一些资金临时被冻结的相对较小的概率事件，甚至也会导致长期客户转到别处。

这些机构面临着某种形式的挤兑。这不是如20世纪30年代初美国发生的那种由存款人引起的挤兑，而是由这些机构相互依存的资金提供人（funders）、交易对手和客户引起的。考虑到"担保"融资的不确定性，以及至少部分由破产/法律产生的不确定性（尤其是还款时间安排或担保品清算变现能力），资金提供人纷纷抽回资金。与此同时，客户们担忧破产将影响其账户/活动的不确定性，也撤出资金，开始转向那些这种担忧较少的竞争机构。

换句话说，这些机构的商业模式实际上已经崩溃了，其中部分原因是破产时合约将如何被处置存在不确定性。世界上很多国家都认为，合约执行和产权存在不确定性会降低投资者提供资金的意愿（La Porta，Lopez-de-Silanes，Shleifer 和 Visny，1998 及 de Soto，2000）。某种意义上，美国在 2007—2009 年间发生的极端情况有相似之处：产权和金融市场上合约执行的不确定性备受关注，结果是资金流的明显中断，市场处于冻结状态。

改进大型金融机构的破产清算制度能够有助于降低"涟漪"演变为"汹涌海浪"和发生市场冻结的可能性。当一个机构发生破产或濒临破产时，主要目标应是降低有关破产清算过程、时间安排以及处理客户和索赔者存在的不确定性，加快推进破产清算程序以降低人们对获得资金或流动性的担忧。有一种方式能够有效地代替破产原则，很大程度上如同 FDIC 监管机构为被保险机构所做的那样，允许负责破产清算机构成为保护者或接受者，将机构进行合并或将其转移至"过桥金融公司"（bridge financial company）。对于非存款机构和控股公司来说，一个格外复杂的问题是，其他破产清算制度拼凑在一起可能产生的问题，这些破产清算制度可能适用于那些面临破产的机构，包括针对经纪人的《担保投资者保护法案》（Secured Investors Protection Act，SIPA）、针对保险公司的各州法律和州破产与保险计划、外国针对国际性机构颁布的法律以及针对控股公司包含的存款机构的《联邦存款保险法案》（Federal Deposit Insurance Act，FDIA）（Paul，Weiss，Rifkind，Wharton & Garrison，2009）。

尽可能提供清楚的事前信息，包括哪种类型机构将会被覆盖，其金融合约将如何被处理，对于类似的破产清算制度在面对金融机构即将破产时能够降低清算的不确定性并使得市场更加稳健而富有活力而言是至关重要的。虽然《多德－弗兰克法案》确实针对系统重要性机构建立了新的破产清算制度，然而该法案在该制度的实践中如何操作方面留下了许多空间。如果政府监管部门被赋予广泛的实行干预和重新订立合约的权力，却没有清晰的规则和指引来说明如何处理不同种类的债权人、交易对手和客户，那么可能会无法实现提供明确信息，减少资金撤出产生的不稳定因素的目标。因此，如果建立新制度的目的是解决我们在2008/2009年金融危机中所观察到的问题，那么财政部和联邦存款保险公司就必须对这些问题进行详细论证。

一个紧密联系却又有区别的问题是，在这个制度下政府援助或支持所扮演的角色。当然，如果机构需要纳税人大量进行援助，却很少在事前控制这些机构可能面临的风险，那么潜在的道德问题会变得很严重。承担破产清算职能的机构有能力提高援助以及提供援助所需的资金来源是非常重要的问题。将这些干预措施定期化与系统化可能有助于降低相关的不确定性，但是必须制定保障措施，保护纳税人不过度负担私人部门的风险。《多德－弗兰克法案》授权建立的新破产清算制度能否得到有效实施将取决于如何解决此问题。

各种形式的"预先包装"破产（pre-packaged）、"生前遗嘱"以及可以解决衍生工具市场破产问题的清算所（clearing house）将有助于降低相关的不确定性以及人们对破产可能自我实现（self-fulfilling）的担忧，这一点下一节将会讨论。《多德－弗兰克法案》要求针对系统重要性机构建立快速清算计划，这与"生前遗嘱"很相似。（Kashyap, 2009）。

当一个机构经营出现困难但还未破产时，"生前遗嘱"能够为资金如何流动以及债权人、交易对手、客户将会被如何处理提供清晰的路线图。这将就一个大型的复杂机构将如何被拆分以及陷入麻烦的具体业务将如何处理问题为市场参与者和监管者提供一个明确的指引。为了可信，这样的契约将要求大幅提高金融机构运营的透明度，例如降低把资金混合到一起的程度以及更清晰地披露风险敞口等。其中一个挑战是不同行业之间存在税制差异，当金融机构试图使税务支出最小化时，可能会导致业务运营和资金流更加复杂化（Tett，2009）。二十国集团正鼓励其成员国实施某种形式的"生前遗嘱"。

2.5　中央清算交易对手和清算所与场外衍生工具市场的对比

对改进大型非银行金融机构破产清算制度起补充作用的是降低对该制度的需求和缩小制度范围，即采取措施降低"细小波纹"演变成"汹涌海浪"的可能性。一个非常有效的处理方式是将衍生工具合约移至诸如清算所等中央清算交易对手（centrally clearing counterparties）平台上，以减轻衍生工具市场产生的"相互关联而不倒"问题带来的风险。另一种方法是限制使用那些可能会对市场造成不稳定影响的合约：例如，市场参与者出于各自头寸考虑采取的保护措施可能实际上会加大整个市场的压力，并在市场发生动荡时期放大多个市场参与者遭受损失的后果，详细情况在下一节会讨论。

以清算所作为中央交易对手是一种解决潜在的"相互关联而不倒"问题的有效方式（Kroszner，2009）。在 19 世纪和 20 世纪初，期货交易所致力于使得合约在交易所中更便利地交易。如上文所述，合约条款的同质性（homogeneity）和实行连贯一致的商品等级制度（例如，采用冬小麦2号，而不是农民琼斯的小麦和农民史密斯的小麦），对于增强交易所期货市场的流动性至关重要。然而，实行合约完全可以互相替代目标最后要采取的主要措施是将交易对手风险降低和予以同质化。即使合约的所有其他特征都相同，违约（non-performance）的可能性也会随着交易另一方实体是否稳定而发生变化——所谓的"名声"风险——因为合约是买方和买方之间的双边约定。

为了对交易对手风险进行限制和同质化处理，清算所开始作为交易所所有交易的中央清算对手发挥作用。清算所作为中央交易对手一般会保持账目平衡，以尽量避免直接面对市场风险敞口。清算所要求会员预存保证金，并将一部分清算手续费收入积累成储备基金。当某个会员发生违约时，中央交易对手可以使用违约会员的自有保证金、其储备基金、预先设定的信用额度以及对会员进行评估从而购买其股票。交易所和清算所对其会员在资本、流动性、风险敞口限额等方面设定一些标准，并监视其会员是否处于良好状况。中央交易对手清算能够稳健地应对市场遭受的压力，使得市场成功地经受住了大萧条、二次世界大战和主要市场参与者破产的考验。

中央交易对手机制试图解决这些市场的系统性风险产生的相关问题，即一家机构的破产会引发衍生工具合约的连锁破产，从而对整个系统造成影响。

如果中央交易对手在应对机构破产和对现有合约进行赔偿方面掌握可支配的资源，如果赢得市场的信任，那么一家机构的破产就不会对整个系统产生连锁影响。

机构在中央清算的衍生工具合约市场上的"相互关联"性要低于场外市场，因为中央交易对手担保合约履约。因此，一个可信的中央交易对手发挥屏障的作用，有助于阻止市场参与者破产的"涟漪"演变为能够影响到其他机构的"汹涌海浪"。

此外，拥有中央清算，就可以获得风险敞口和风险集中方面更好的信息。中央交易对手将迅速意识到市场参与者风险敞口方面发生的快速变化，并采取措施加以限制。与场外市场不同，监管机构能够更容易地监控风险集中度，掌握那些其可能不直接监管但可能引发系统性后果的机构的风险敞口状况。因而，中央清算使得风险的过度集中现象更容易被发现并被及时处理，从而改进市场的信息基础设施，促进市场稳定。

拥有一个可信的中央交易对手的市场同样也不太可能出现被冻结状况。例如，在2008年的3月和9月，有人担心，信用违约互换市场上一个主要参与者的破产可能会影响人们对所有交易对手的信心，因为市场可能会崩溃。当一个交易对手破产时，被"损害"的对冲就不能被替代。在这种情况下，起初看起来对冲良好的头寸会变成"赤裸的"风险敞口——换言之，"净"头寸可能会变成"总"头寸，而且机构将不会有足够的资本作为管理这些风险敞口的缓冲。

如果没有中央清算，那么就很难判断一个机构的安全与稳健。这不仅需要评估其风险敞口，还需要评估交易对手履行契约承诺的能力。由于没有中央清算或者没有保留中央记录，对于一个资金提供者或者客户来说，几乎不可能获得特定交易对手风险敞口状况的信息。即便了解了相关信息，人们也不得不对交易对手的安全性和稳健性进行评估，这需要了解其风险敞口状况及其交易对手的信用状况等。交易对手风险敞口和稳健性存在的不确定性会导致信心的消失，资金提供者、交易对手和客户会认为机构存在风险而对其进行挤提。然而，可信的中央交易对手能够帮助避免这种状况的发生，因为中央交易对手在契约履约方面表现良好，人们也不会担心市场会崩溃，被"损坏"的对冲也会被替代。

如果中央交易对手清算有这些好处，那么为什么不在包括 CDS 等所有的衍生工具市场上加以应用呢？第一个原因是，安全性方面获得收益的代价是其失去了弹性。中央交易对手会对合约施加一定程度标准化的要求，以使中央清算切实可行。类似地，可能会更容易在场外市场进行试验和创新。场外衍生工具市场快速发展的原因部分在于对合约不同种类和个性化的需求。即便如此，很多场外市场合约已经可以通过中央交易对手进行清算。例如，互换清算中心（SwapClear）——一个利率互换的中央交易对手——清算了全球交易者之间大约一半的单一货币互换交易。那些以单个CDS合约指数形式建立的CDS，例如，类似评级或其他类似情况的公司的指数，其结构往往具有合理的标准化特点。

第二个原因可能与交易规模和流动性有关。当合约市场交易量相对较大而且交易较活跃时，由市场参与者承担中央清算的成本和管理中央交易对手的风险是可行的。以CDS为例，CDS指数以及那些大公司单个的CDS构成CDS市场的大部分交易，这就有可能形成足够的交易深度，使得中央清算变得可行。

第三个原因可能是，相对于中央清算市场上定价、交易等信息的公开透明，场外市场上的一些参与者可能更偏爱场外市场的不透明性。例如，在1925年芝加哥期货交易所（Chicago Board of Trade，CBOT）全面采取中央对手清算之前，其会员间由于利益不同进行了多年的深入讨论和争论（Pirrong，1997）。

《多德-弗兰克法案》确立了一个新的监管框架，大力推动场外衍生工具市场向中央清算平台转移，并增强风险敞口的披露。该法案还为清算所自身的管理、监督和治理提供了一个新框架。通过对中央清算和场外衍生工具市场实行不同的资本比例要求，可以为衍生工具市场的主要参与者提供较强的动力，使其尽可能将现有合约转移到这样的平台，并开发足够标准化的合约以便于进行中央清算。这会降低机构发生"相互关联而不倒"风险的可能性，因为监管者和交易所能够更容易地监控风险的积聚，而且单一机构破产引起的后果可以由中央交易对手通过降低对市场的冲击来化解。很自然，中央交易对手能否成功发挥其职能将取决于其是否有能力抵御市场主要参与者破产的影响，因此，中央交易对手管理 CDS 等新领域风险的实力与信誉将至关重要。[①]

2.6 具有潜在不稳定因素的合约

通过为交易对手管理信用风险提供更好的激励措施，以使其无论在正常时期还是在遭受大范围压力时都能有效运营，这就可以使得金融体系变得更加稳健而有活力。例如，当某一公司遭遇麻烦时，有一种广泛使用的市场操作惯例可以提供较好的保护，但是这些惯例可能并不会提供有益的保护——反而可能潜在地具有害处——尤其是当风险遍布市场时。换言之，这些行为可能会加剧所谓的尾端风险，使机构和市场产生不稳定因素（Kroszner，2008e）。

一个有代表性的例子是在交易对手信用风险管理中使用"触发评级条款"（rating triggers）。一些债务合约和场外衍生工具合约将担保要求与交易对手的信用评级联系在一起。如果一个交易对手评级下降超过某个临界值，其可能会被要求立即追加保证金。只要触发评级条款远在交易对手破产前就被使用，那么交易对手信用风险就似乎处于可控状

---

① Pirrong（2008/2009）就中央交易对手掌握的资源和风险管理——其已经证明对许多交易所交易的衍生工具很有恢复力——是否能处理包括 CDS 等新的场外交易合约问题提出疑问。

态——触发评级点设定在相对较高的评级上。在这种情况下，这种条款能够有效降低交易对手的信用风险，使交易对手有很强动力来保持健康的财务状况和信用评级。

当风险的变化只与特定交易对手有关，而与其他交易对手及其他市场上风险增加无关时，这种防范交易对手风险的保护措施是非常有效的。在这种情况下，在某一公司远未达到破产状态以前就要求额外提供担保能够提供有益的保护措施。然而，如果评级变化来得太迟且公司处于破产边缘时，这样的条款或许不能提供保护，而此时要求增加保证金会使该公司加速进入破产状态。

更重要的是，如果交易对手的困境与其他机构及其他市场上的问题相关，即出现整个市场范围的困境，那么这样的条款可能也不会提供有效保护。在波及范围广的萧条时期，很多交易对手可能不得不同时卖出资产以增加保证金。这种现象可能会潜在导致市场上出现这种情况，即资产在缺乏流动性的市场环境下被以低于根本价值的价格迅速出售。当很多交易对手被迫将相似资产清算变现时，这些资产的价格也被压低。如果这些资产被用于其他头寸的担保，那么其价值的下跌会导致需要额外增加保证金。相应地，这一系列状况会迫使进一步进行资产清算变现，导致价格下跌。广泛使用触发评级条款会加剧这种螺旋下行状态，而资产价值的进一步损失触发评级被进一步调低，要求增加担保和清算资产。2008 年金融危机期间，就出现了这种潜在的不稳定状况（Brunnermeier，2009；Kroszner 和 Melick 即将出版的论著）。

当然，触发评级条款只是市场操作惯例中能够放大系统性事件的影响、引发金融市场不稳定的一个例子。信用增进（credit enhancement）和担保也会给市场带来脆弱因素，虽然这些措施看起来能够提供保护。例如，高评级的担保人能够为少量的工具违约提供有效保护。然而，当整个市场信用风险增加时，担保人被要求同时付清许多头寸的可能性也会增大。当市场逐渐意识到信用增进可能无效时，风险敞口被曝光的机构遭受进一步的压力。因此，广泛依赖信用增进可能会引起某种形式的"方向错误风险"（wrong way risk），即保护措施的出售方很可能在完全相同的情况下出现违约，而此时正好非常需要其保护。

在一些市场上看起来类似"羊群"行为（herd behavior）可能至少部分是对影响这些市场稳定的相互关联的脆弱性的一种反映。这种明显的羊群行为反映了集体信心缺乏，可能是由经济受压期间引发市场和机构间同步运行的市场基础设施引起的。在这些情况下，表面看起来是审慎交易对手风险管理的合约条款可能增加了金融市场遭受的压力。

限制这种合约的一种方式是对合约在应对——并潜在地会加剧——尾端风险方面存在的不足进行认真监管。监管者一般更多地关注合约在经济遭受压力时为单个公司提供保护的方面，而没有关注合约可能给整个市场产生的影响，因此缺乏针对尾端事件的保护措施。可以通过实现资本比例要求来限制这种合约的使用。在某些情况下，信用增进能降低资本充足要求，但是这里所述的那些不能说明尾端风险的合约不应该受到优待。各种行业组织可能会鼓励遵守最佳操作惯例守则（code of best practices），以降低对这些具有潜在不稳定因素合约的依赖或者取消使用此类合约。

2.7　结论

正如在本文开始时所说的那样，我没有试图为解决当前这场危机带来的问题而认为需要推进法律、规章、监管和市场操作惯例等方面的改革。相反，我着重强调了一些导致市场更脆弱的一些领域以及有助于减轻"大而不倒"和"相互关联而不倒"问题和一些顺周期问题的改革领域。我论述的重点主要集中在金融市场的制度和法律基础设施方面——信用评级机构、证券化结构、破产清算制度、衍生工具的中央清算以及具有潜在不稳定因素的合约结构——因为这些问题在恢复市场信心和稳定方面发挥根本性作用，而这种作用常常受到人们的忽视和不被人所理解，金融中介体系在其市场化融资需求的长链条中正是依赖这种信心和稳定才得以有效运营。

改善大型金融机构的破产清算制度，将场外衍生工具合约置于拥有中央清算对手的平台之上，这是所有改革中最应优先进行的改革，能够最大范围降低"尾端风险"，增强金融体系稳定性。《多德－弗兰克法案》确实重点集中于这些领域的改革，却将许多细节留给监管机构通过制定规则和实施监管来决定。解决基础设施问题可能是促进市场更加稳健而有活力向前发展的最有效的方式之一。

参考文献

Adrian, Tobias, and Hyun Song Shin. 2009. Money, Liquidity, and Monetary Policy. *American Economic Review* 99 (2)：600－605.

Bank of England. 2008. Financial Stability Report. London.

Benmelech, Efriam, and Jennifer Dugloz. Forthcoming. The Credit Rating Crisis. Forthcoming in the NBER Macroeconomics Annual, Cambridge, M. A.

Blankfein, Lloyd. 2009. "Do Not Destroy the Essential Catalyst of

Risk." *Financial Times* (*North American Edition*) . February 8.

Brunnermeier, Markus. 2009. Deciphering the Liquidity and Credit Crunch 2007 — 08. *Journal of Economic Perspectives* 23 (1): 77 — 100. http // www. princeton. edu/ ～markus/ research/ papers/ liquidity_credit_crunch. pdf.

Calomiris, Charles. 2009. "Financial Reforms We Can All Agree On." *Wall Street Journal*. April 23, A17.

deSoto, Hernando. 2000. *The Mystery of Capital: Why Capitalism Triumphs in the West and Fails Everywhere Else*. New York: Basic Books.

Diamond, Douglas, and Raghuram Rajan. 2009. The Credit Crisis: Conjectures about Causes and Remedies. *American Economic Review* 99 (2) (May): 606—610. http: // faculty. chicagobooth. edu/ brian. barry/ igm/ thecreditcrisisdoug. pdf.

Financial Stability Board (FSB) . 2008. "Report of the Financial Stability Forum on Addressing Procyclicality in the Financial System," Bank for International Settlements, April.

Financial Stability Board (FSB) . 2009. "Report of the Financial Stability Forum on Enhancing Market and Institutional Resilience," Bank for International Settlements, April.

Friedman, Jeffrey, ed. 2009. "Causes of the Crisis" issue of *Critical Review* 21 (2—3) . Oxford, U. K. : Routledge Press.

Gorton, Gary, 2009. "Slapped in the Face by the Invisible Hand: Banking and the Panic of 2007. " Yale School of Management. http: // papers. ssrn. com/ so13/ papers. cfm? abstract _ id=1401882.

Kashyap, Anil. 2009. "A Sound Funeral Plan Can Prolong a

Bank's Life. " *Financial Times* (*North American Edition*) . June 29.

Kroszner, Randall 1999. Can the Financial Markets Privately Regulate Risk? The Development of Derivatives Clearing Houses and Recent Over-the-Counter Innovations. *Journal of Money* , *Credit* , *and Banking* (August): 569—618.

Kroszner, Randall. 2008a. " Protecting Homeowners and Sustaining Home Ownership. " Presented at the American Securitization Forum. Las Vegas, Nevada. February. http: // federalreserve. gov/ newsevents/ speech/ kroszner20080204a. htm.

Krosznerr, Randall. 2008b. "Liquidity-Risk Management in the Business of Banking. " March 3. http: // www. federalreserve. gov / newsevents/ speech/ kroszner20080303a. htm.

Kroszner, Randall. 2008c. "Strategic Risk Management in an Interconnected World. " October 20. http: // www. federalreserve. gov/ newsevents/ speech/ kroszner20081020a. htm.

Kroszner, Randall. 2008d. " Improving the Infrastructure for Non-Agency Mortgage Backed Securities. " December 4. http: // federalreserve. gov/ newsevents/ speech/ kroszner20081204a. htm.

Kroszner, Randall. 2008e. "Assessing the Potential for Instability in Financial Markets. " December 8. http: // federalreserve. gov / newsevents/ speech/ kroszner20081208a. htm.

Kroszner, Randall. 2010. "Interconnectedness, Fragility, and the Crisis. " Statement to the Financial Crisis Inquiry Commission. Washington, D. C. February. http: // www. fcic. gov/ hearings/ pdfs/ 2010-0226-Kroszner. pdf.

Kroszner, Randall, and William Melick. Forthcoming. The

Response of the Federal Reserve to the Recent Banking and Financial Crisis. In *An Ocean Apart? Comparing Transatlantic Response to the Financial Crisis*, ed. Adam Posen, et al. Washington, D. C. Petersen Institute for International Economics.

La Porta, Raphael, Florencio Lopez-de-Silanes, Andrei Shleifer, and Robert Visny. 1998. Law and Finance. *Journal of Political Economy* 106 (6): 1113—1155.

Paul, Weiss, Rifkind, Wharton, &. Garrison LLP. 2009. "Treasury Proposes New Resolution Authority for Systemically Significant Financial Companies. " New York. April 10.

Pirrong, Craig. 1997. The Inefficiency of U. S. Commodity Manipulation Law: Diagnosis and a Proposed Cure. In *Research in Law and Economics*, eds. Richard O. Zerbe Jr. and William Kovcic. Volume 18. New York: JAI Press.

Pirrong, Craig. 2008／2009. The Clearinghouse Cure? *Regulation Magazine* 31 (4) (Winter): 44—51.

Posner, Richard A. 2009. *A Failure of Capitalism: The Crisis of '08 and the Descent into Depression*. Cambridge, M. A. : Harvard University Press.

Rajan, Raghuram. 2009. "Too Systemic to Fail: Consequences, Causes, and Potential Remedies. " Testimony before the Senate Banking Committee. University of Chicago Booth School of Business. May 9. http: // banking. senate. gov/ public/ index. cfm? FuseAction = Files. View&FileStore _ id=40ba6d40-c960-4abe-82d0-d41cbd0b028f.

Securities and Exchange Commission (SEC) . 2005. "Proposed

Rule: Definition of Nationally Recognized Statistical Rating Organization." April 19.

Seru, Amit. 2009. *Did Securitization Lead to Lax Screening? Evidence from Subprime Loans*. Chicago: University of Chicago, Booth School of Business, working paper.

Shin, Hyun Song. 2008 "Reflections on Modern Bank Runs: A Case Study of Northern Rock." Princeton University. August. http: // www. princeton. edu/ ~hsshin/ www/ nr. pdf.

Shin, Hyun Song. 2009. "Financial Intermediation and the Post-Crisis Financial System." Presented at the Eighth Annual BIS Conference.

Tett, Gillian. 2009. "Why the Idea of a Living Will Is Likely to Die a Quiet Death." *Financial Times (North American Edition)*. August 14.

第 3 章　评论

3.1　本杰明·弗里德曼的评论

罗伯特·希勒与兰德尔·克罗茨纳两篇论文的观点形成鲜明的对比。希勒运用更基本的一种方法，就金融市场应该如何运行问题构建了一种具有互联网风格或者说自下而上的分析结构。而克罗茨纳则采取一种更实用（如他所说）、以目标为基础、以市场为导向的方法。克罗茨纳的论文表明，人们潜在地相信，市场通过竞争可以产生我们不仅认为是均衡而且在经济上是最优产出的职能。然而，他认为，在很多情况下，我们最近出现的问题是由于缺乏竞争。但是，与他近年来出版的几本著作中（例如，《非理性繁荣》及他与乔治·阿克洛夫合著的《动物精神》）所持的观点一致，希勒却强调指出，竞争性市场环境往往导致既不均衡也非最优的产出，这一点人们会认识到，至少事后会认识到。

虽然在方法上存在根本差异，但让我印象深刻的是，两篇论文的作者所提出的建议具有共同之处。尽管角度不同，但是他们在我们应采取的措施方面意见一致，这一点十分重要。虽然他们的论证方式甚至基本哲学理论有差异，但是他们的观点表明，我们处在一个重要的节点上，未来之路源自许多共同因素，以至于那些先验的教条学说——常常是政治方面——的争执不会阻碍政策领域的进步。

通过阅读两篇论文，我们会发现实行金融监管的两个基本原理。希勒侧重于微观层面，呼吁建立其所称的"自我心理控制机制"，这不是指一个人，例如独自一人待在荒岛上的鲁宾逊·克鲁索（Robinson Crusoe）或许也需要自我心理控制机制，而是强调许多个人——买方、卖方及其他人——在社会环境下（即市场中）互相作用时会发生什么情况。此外，克罗茨纳强调政府援助和救助的必然性引发的道德风险问题：之所以必然要救助是因为，他与希勒都不赞同这样的观点，即我们可以简单地通过事先明确规定，政府永远不会介入帮助有麻烦的机构，从而依赖私人部门自我管理力量（self-policing forces）来解决问题，以此解决我们近年来遭遇的这些问题。在克罗茨纳看来，政府的救助和援助是不可避免的，因而也不可避免地会产生道德风险问题，因此就需要通过监管加以解决。

希勒与克罗茨纳分别从人的心理方面和道德风险方面进行论述，此外，我认为还有第三个因素值得指出，即金融机构作为我们当前这场金融危机的根源，其行为在很大程度上是由于实行有限责任（limited liability）这一基本原则的结果。例如，当我们谈及资本充足要求时，所考虑的整个基础是在有限责任原则下，当发生机构破产情况时，企业的股东与债务人都不会被要求额外追加资金。当然，很多情况下，这一制度安排在金融部门以外的其他行业也适用。但是，金融行业同时具有高杠杆率的特点加大了该原则对金融机构的重要性，以至于有限责任就真的成为很有限的责任：以近年来美国投资银行为例，资本大约仅占资产负债表内业务的3％，更不要说所有的表外负债，而在商业银行部门该比例一般约为8％。自身的有限责任就产生道德风险问题，即使根本不可能实施克罗茨纳所指出的救助及其他形式的援助，也会产生此问题。

希勒写道："自由市场是人类历史上最为重要的发明之一。这的确是一项发明，其采用监管和标准的形式，而这些职能由某种政府形式来行使。因此，市场与政府是不可分的。"鉴于今天我们讨论如何改革我们失灵的金融体系问题时在政治上表现出的两极分化趋势，或许值得指出，这种思路正是亚当·斯密（Adam Smith）所赞同的观点。当今似乎到处都有人在引用亚当·斯密的观点，这些人听说过《国富论》这本书但是却从未读过，甚至从未听说斯密的其他著作。（例如，斯密赞同严格限定利率——换言之，高利贷法律——以及对银行为筹集资金发行金融工具做出限定。）希勒所阐述的观点，即市场与政府之间在根本上相互联系，是斯密所著的《法学讲座》（*Lectures on Jurisprudence*）的一个主题，在该书中他指出，他和他同时代人所称的商业，即专门生产与自愿交换的结合产生的最重要的一个结果正是这种经济活动创造了——因为其需要——某种形式的政府制度安排和政府干预，其中最明显的包括执行合同、货币体系以及标准化度量衡等制度安排。虽然希勒在阐述其观点时并未提及斯密，然而在当今的政治环境下，有必要认识到，市场运行与政府行使监管职能之间存在假定的紧张关系不是亚当·斯密所认可的。

希勒论证的结果是，主要是因为放松管制与不愿意实施已有监管的结合导致了这场金融危机，并造成了巨大的经济代价。但是，我们也应当追问一下，为什么会发生监管失灵。我认为有几方面原因。第一，自然是政治原因：从罗斯福认可政府的角色到里根∕撒切尔认为政府从来不会解决问题、问题只有自己解决的观点的转变。第二，意识形态方面的原因——以艾伦·格林斯潘为代表，其早期曾醉心于艾恩·兰德（Ayn Rand）的著作，尤其是在他领导联邦储备体系期间强烈坚持的反对监管的立场——即私人市场驱动的经济活动不仅可以自我监管，而且在需要时还可以自我纠错。希勒介绍了第三个同样重要的导致监管失灵的原因，即也存在人类知识方面的原因。

希勒的论点是，思想从根本上看十分重要，虽然思想具有滞后性，包括经济研究人员在内的研究学者们的思想有助于推动实务领域思想的发展，也会推动公共政策领域思想的发展。然而，具有讽刺意味的是，希勒指出，学术研究，尤其是有关有效市场假说的思考，多年以前就发生了变化。但是，这一变化的影响过程却存在滞后性。他强调，虽然学术界关于有效市场假说的观点多年以前就发生改变，然而公众对该理论的观点在前不久才出现转变，而公共政策领域的观点尚未转变。

我们的决策者们现在应怎样做？因为这两篇论文给我印象最深的是，尽管各自的视角不同，然而论文作者提出的建议却有共同之处，这里我要重点强调他们提出的在我看来会引发进一步讨论的几个观点。

第一，希勒和克罗茨纳都强烈赞同建立我们可以称之为的系统性风险监管机构。然而该系统性风险监管机构将扮演怎样的角色？原则上，《多德－弗兰克法案》目前已经在新的金融服务监督委员会中设立了这样的机构。然而该委员会应当怎样发挥职能？在克罗茨纳看来，关键问题是一旦危机爆发时就采取措施，遏制风险的传染。希勒则认为，系统性监管机构的职能还在于能够前瞻性地预测泡沫的积累，上述这些职能是不同的。若将两者结合到一起看，如《多德－弗兰克法案》授权建立机构那样，只从批准建立系统性监管机构的想法就可以看出，两位作者所提出建议的共同点就更为明显。

第二个关键问题涉及会计准则和资本监管要求。当今我们在讨论中重复出现的一个问题是是否将对冲基金排除在外。对冲基金的定义是处在主要监管范围之外的一种投资基金。例如，假如将对冲基金置于要求针对风险头寸持有资本的监管，那么它就不再是对冲基金（至少不是当今标准定义的对冲基金）。考虑到国际上金融市场的运行情况，我们应当将对冲基金看成是非法的吗，我们能够这样做吗？

第三，在这两篇论文中必须强调的是，对数据可得性这一困难问题的处理。例如，以按揭支持证券为例，这些资产的托管人没有义务提供有关按揭贷款的详细数据，然而在实践中大多数公司并不这样做。即使有人想开展必要的研究以评估按揭贷款还款的可能性，在很多情况下也很难获得必要的数据。而且，没有证据表明穆迪、标准普尔或其他任何为这些证券评级的较小的评级公司曾经对无法获得数据问题提出过异议。例如，穆迪评级公司曾经明确表示，在为这些证券评级时，该公司甚至无法知晓按揭贷款被包装成证券的相关房屋位于哪里。

第四，我想谈谈这两篇论文中多次出现的一个问题：联邦储备体系在其直接购买的私人部门发行的证券及担保其未购买的私人部门发行的证券价值方面所发挥的作用。当然我们都希望联储购买的资产将会保值，联储出具的担保将永远不会涉及连带还款责任。然而，如果那些资产价值真的下跌，一些担保出现连带还款责任的话，结果会怎样？那样的话，实际上联储作为中央银行就实施了财政政策。依据资产损失规模的大小，根据其做出的承诺，联储至少有可能大规模地这样做。

在某种程度上人人都明白这一点。当今人们在讨论这方面问题时，想当然地认为联储被要求发挥该职能，因为布什政府和奥巴马政府都不愿在问题资产解决计划（TARP）授权提供的资金以外，向国会请求增加资金，为购买的这些资产和提供的担保融通资金。但是，这就意味着联储作为中央银行不仅实施了一种形式的财政政策，而且这样做的原因是人们意识到，根据宪法规定，财政政策经过国会拨款程序时，国会也不会批准。

如果市场发生转向以致联储持有的私人部门发行的证券出现亏损，其出具的担保出现连带还款责任，那么情况会怎样呢？自然会有人反对中央银行在未经国会批准情况下，实施人人都知道国会不会批准的财政政策。我担心，这有可能在政治上引起反应，制定措施限制未来央行可以采取的行动。当然，如果明确这种政治上的反应只是防止联储未来再次采取"影子财政政策"（shadow fiscal policy），而继续尊重和保持中央银行货币政策的独立性——这毕竟是其主要职责，那么这样做将是合适的。然而，政治上的反应很少能这样明确。因此，联储从事影子财政政策操作的潜在代价是其也潜在地使中央银行货币政策的独立性受到损害。从大多数货币政策信奉者的角度来看，这确实是一项非常严重的代价。

3.2　乔治·考夫曼的评论

这两篇有意义的论文都侧重于探索如何改进美国金融市场的运行效率，以避免目前这场金融危机在未来再次发生以及如何加强金融消费者保护。但是作者采取了不同的方法，希勒强调"需要发明新的游戏规则"，通过实现金融民主化和人性化来拯救资本主义制度。克罗茨纳则强调应通过更好地了解出了什么问题以及如何进行补救，从五个具体方面采取措施，改进金融市场效率。与希勒温暖又模糊的方法相比，克罗茨纳采用了一种更为冷血、分析型（芝加哥学派）的方法。希勒想要将人的动物本性结合到新框架之中，而克罗茨纳则设法控制这些本性。我的评论将主要集中于希勒的论文，因为这篇论文我收到得早，更具有争议性，并会自然引出克罗茨纳的论文。

希勒将金融市场比喻成拥有运动员、比赛规则以及执法比赛的裁判员的一种体育比赛。他认为之所以产生当前的问题是因为没有遵守规则，而且裁判员也不能做好其本职工作。我要提出一个替代性的假设，即问题的出现不是因为规则被违犯或者规则力度不够，而是因为裁判员没有执行好这些规则。监管机构有自己的工作目标，这有时会与监管法规的目标出现分歧。因此，监管机构常常不是健康金融机构和纳税人好的代理人。基本问题是委托人与代理人之间出现了严重的问题。

在我最近发表的相关论文里，在希勒所称比赛中的运动员和裁判员中我注意到一长串有过失之人和坏人，他们对这场金融危机负有责任。[1] 这些人在私人和公共部门里都有，既有市场失灵也有监管机构（但不一定是监管法规）失灵。正如波格（Pogo）所指出的，"我们遇到了敌人，他们就是我们自己"。2007 年爆发的金融危机是一场残酷的风暴，如果我发现的那些有过失之人中任何一个都不存在的话，那么这场金融危机就会温和许多。在我以前的论文中我按英文字母顺序将这些有过失之人归纳为以下几种[2]：

- 中央银行家（货币政策）
- 商业银行家

---

① Kaufman（2009）。

② 我没有提及学术界的责任，虽然学术界人士总体上也因为既没有预测到当前这场危机的发生也没有预测到危机的严重程度而感到内疚。

- 金融工程师

- 政府（国会和政府）

- 投资者/最终贷款人

- 按揭贷款借款人

- 按揭贷款中间人与销售人

- 审慎银行监管机构

在这篇简要评论中，我将只重点讨论美国的裁判员，他们负有执法美国比赛规则的责任。经济衰退和危机暴露出金融体系中存在的过失，在经济向好或者繁荣时期，资产价格上涨，几乎没有投资者要求收回投资，这些过失大多被掩盖。正如沃伦·巴菲特（Warren Buffet）所说，"只有在退潮时你才能知道谁在裸泳"。过失在繁荣时期一直积累，直至最后一根稻草压垮了骆驼的脊背。2007年，这最后一根稻草就是房地产价格泡沫的终结。

3.2.1 希勒与裁判员的过失

也许十分重要的是，审慎监管机构中的裁判员允许银行保持无效的监管资本（允许过度的杠杆操作），尤其是在存在泡沫的环境里。甚至有人认为银行体系里的资本太多而不是太少。几乎毫无例外，他们反对实行提高监管资本充足比率和杠杆率的监管要求，因为作为衡量资本充足的一项指标，这些规定对赞同实行更为复杂的风险加权资本比率的很多美国大银行构成了束缚。对于那些最大的银行来说，监管机构愿意只采用巴塞尔 II 建议的高级内部评级法，该方法将会平均降低监管资本充足要求。而且，有关计算巴塞尔 II 复杂监管资本要求的工作转移了监管机构中许多聪明人以及学术界、银行业、咨询公司等方面的注意力，其中的一些重要问题将在下面进行介绍①。

这些监管机构对于金融稳定关注得不够。美国几乎是唯一既不公布金融稳定报告，也不参与国际货币基金组织和世界银行组织的金融部门评估规划（financial sector assessment program）的工业化国家②。虽然美国没有专门负责发布此项报告的监管机构，但是也没有法律规定限制监管机构这样做。承担此项工作的机构本应是联储，其对银行控股公司实行伞形监管职责。如果有某家监管机构这样做的话，那么它就会将纵向分析延伸到银行以外的大型金融机构，形成涵盖机构间更有意义和有信息量的横向信息数据，这将会有助于掌握金融部门总体经营状况，而且至少会对脆弱性的逐渐积累及其对宏观经济的影响发出预警信号。

这些机构在对大的、系统性金融机构破产进行清算以及应对潜在的负面外溢传染影响方面没有做好准备，这就加重了危机的影响程度。大银行破产清算工作十分复杂，既因为银行可能在多个国家经营业务而每个国家或地区有自己的破产清算制度，也因为美国的破产清算制度对于银行和控股母公司是银行且拥有许多非银行附属机构的非银行金融机构来说是不同的。商业银行的破产可以在其服务几乎不受影响的情况下顺利得到清算，而非银行金融机构的破产清算则一般不会这样。

有时银行监管机构可能不愿意让破产银行的部分或所有未保险的存款人或其他债权人遭受损失。这些监管机构在清算时间安排和损失分配等方面采用不同的方式对许多破产的大银行进行了清算。因此，银行和银行控股公司不确定如果破产会怎样进行清算，也就不可能按照最有效的方式来经营。一些机构宣称（没有切实证据），它们彩排了破产的

---

① Kaufman（2006 和 2007）。
② Oosterloo 等人（2007），第 340 页。另一个没有发布报告的工业化国家是意大利。

"战争游戏"（war game），但是因为担心引发银行挤提不愿意向公众披露这方面的信息。然而秘密清算制度并不一定就能成功，因为这些制度并未公开相关的游戏规则，不会引导机构按照合意、可预见的方式进行业务经营。

监管机构未能积极执行 1991 年颁布的《联邦存款保险公司改进法案》（FDICIA）中有关立即纠正措施（prompt corrective action，简称 PCA）的相关规定，偶尔对明知违反规定予以默许甚至参与其中。财政部的总审计师最近发现 6 起违规事件，受储蓄机构监管办公室监管的储蓄机构的控股母公司曾被该机构允许更早地记录资本注资的时间，以避免或推迟对机构实施包括关闭在内的处罚[1]。该监管机构延长了债务偿还期限（forbearance），后来其中有两家储蓄机构被予以关闭，给联邦存款保险公司造成大约 150 亿美元的损失。

鉴于银行监管机构往往会延长机构债务偿还期限，当机构触及规定的资本比率下限时，立即纠正措施所规定的相关处罚措施就必须执行。《联邦存款保险公司改进法案》也要求，当机构股本低于其资产的 2％，至少构成联邦存款保险公司的成本时，监管机构要依法关闭该被保险机构，并对其进行破产管理（receivership）。隐含的理论是，如果某家机构在其资本变为负值前被依法关闭的话，那么损失将会仅限于该公司的股东，存款人和其他债权人因此受到保护，也不会动用存款保险。然而，近年来对破产机构进行清算给联邦存款保险公司造成的损失平均占到机构总资产的 20％，这表明采取干预措施以及延长债务偿还的时间明显被耽误。

当前这场危机的影响如此严重的一项原因是，间接受到次级按揭贷

---

① Thornson（2008）和 Hopkins（2009）。

款市场问题影响的证券数量被大大低估，并且这些证券的所有权也没有对外报告。对于担保债务证券（CDO）等复杂的结构性按揭贷款证券以及信用违约互换来说尤其如此。银行将其按揭贷款产生的现金流出售给诸如结构性投资工具（SIV）等表外实体，而这些实体则利用集合的现金流来设立担保债务证券，这些合约随后在资本市场上出售。但是银行持有未报告的隐形负债。如果这些证券后来产生的信用问题威胁到银行的声誉，那么银行就会将这些证券放回其自身的资产负债表。而且，证券发行银行通常只保留其出售的担保债务证券中最高评级 AAA 这一部分证券，不保留低评级证券，因为这部分证券要求加强信用管理并且容易很快出问题。

基于某一特定债券创建的信用违约互换合约的总规模通常大大超过原债券的余额。这就好比场外赛马赌博（off-track betting）一样，投注人不一定要在赛道上，经济代理人可以交易他们并不拥有的债券的信用违约互换合约。监管机构有权从银行控股公司以及通过与其他非银行监管机构合作，从保险公司和其他主要的非银行金融机构收集这些证券有限的数据，然而这些机构却没有这样做。

《家庭房屋所有权与权益保护法案》（The Home Ownership and Equity Protection Act）（1994 年）授权银行监管机构对大部分按揭贷款行业，包括受到质疑以及被滥用的发放贷款惯例进行监管。然而，2008 年以前，监管机构一直未提出全面的改正措施，也未建议通过提高首付比例来降低杠杆率[1]。应当指出的是，即使这些监管机构真的这样做了，这些建议采取的限制措施也会遭遇来自行业和国会的大力反对，也不可能获得通过。

---

[1]　Bair（2009）。

监管机构最初在 2007 年夏天发现危机的苗头，当时将危机诊断为流动性问题而不是偿付能力问题，并采取措施，在认为受到影响的市场上增加流动性。这些政策措施重在动员额外的资金进入这些市场以及为交易提供担保，以增加交易规模和提高证券价格。直到后来监管机构才承认交易不足反映出机构对交易对手财务偿付能力存有疑虑，并采取措施提高银行资本比率。这种耽误在某种程度上反映出监管机构不愿意承认其监管的银行出现倒闭。它们被赋予保护银行安全的职责，而银行倒闭则成为其履历上的一个污点。未能及时正确诊断存在的问题以采取适当的政策措施可能加深了危机的影响程度，也耽误了经济的复苏。

　　监管机构也反对强制要求（至少是）大银行发行次级债务。这些信誉良好、未保险证券的市场利率水平将反映出市场对银行倒闭风险的评估，可以被监管机构用作补充信息或者直接纳入引发采取处罚措施的立即纠正措施框架①。此外，次级债务市场利率的变动有可能促使银行朝着降低风险的方向转变经营行为。

　　最后，监管机构免除住房 GSE 发行的债务和优先股实行多样化以及限制风险的责任。全国以及许多州立银行被禁止向借款总额超过银行资本 15％ 的单一借款人发放贷款，也一般被禁止投资于股票。但是，对于 GSE 来说，这两项限制措施都被免除。2008 年，房利美和房地美发生破产，许多小银行因此遭受巨大损失。

　　这并不是说假如监管机构采取了大多数或所有上述措施，就会避免危机的发生。危机可能不会避免，但是危机的影响程度却会小得多。而且，采取监管措施的成本会相对较小，也会很容易通过成本－收益测算。2009 年，针对存在的这些过失，美国监管机构出现 180 度的转变。

---

　　① 影子金融监管委员会（Shadow Financial Regulatory Committee）（2000）。

它们宣布需要提高监管资本要求——尤其是在经济向好的时候，更注重监管杠杆率，并参见国际货币基金组织与世界银行联合开展的金融部门评估规划。这些政策方面的转变并未影响相关的游戏规则，只是影响到了裁判员们执行现有的规则或他们的执法目的。

3.2.2　克罗茨纳

在其论文里，克罗茨纳就如何提高金融市场效率问题从五个方面进行了分析并提出改进建议：

- 信贷市场
- 重振证券化市场
- 非银行金融机构破产清算制度
- 服务于许多场外交易（OTC）衍生证券的中央清算人（central clearing party，简称 CCP）或清算所
- 交易对手互换合约及其他信贷衍生合约

上述五个方面都很重要，克罗茨纳的分析有助于引起人们对这些问题的格外关注。虽然如前所述，他的建议似乎不会有过度争议，也不可能招致很大的反对，然而，将银行破产清算制度扩大到大的非银行金融机构和银行控股公司可能要比许多支持者认为的更为复杂。

真正的问题是，为何这些问题没有被解决，尤其是没有被监管机构更早地解决？纽约联邦储备银行曾引起人们对场外交易信用违约互换合约后台糟糕状况的注意，并鼓励将其转移至清算所。然而转移过程如此缓慢以至于到 2008 年文书工作有了大幅改进，而清算却没有改进。此外，虽然评级公司及其评级受到人们的广泛批评，然而联邦储备体系在开展短期资产支持证券贷款工具业务时仍然依赖这些评级。

或许克罗茨纳所提建议中最有意义和最有挑战性的是那些有关重振

证券化市场和修改交易对手衍生合约的建议。重振证券化市场需要克服负面评价（bad rap）和通常存在的创新风险，这在引进任何新产品时几乎都会存在，不论是蒸汽机、飞机还是垃圾公司债券（corporate junk bonds）。垃圾公司债券是20世纪80年代创立的次级按揭贷款债券，20年后，现在这些债券被认为是公司债券市场不可或缺的、持久的一部分。证券化是一种重要的创新方式，如果处理得当，会带来巨大、持久的福利方面的收益。实现此目的要求汲取近年来各种错误带来的教训。有必要修改交易对手衍生合约，尤其是降价出清（closeout）对系统性风险的影响未受到监管机构的重视，这些机构直到最近才认为应增加这方面的法律规定。这些合约需要修改①。

3.2.3　结论

我们为何要研究过去？乐观的人会说是为了避免犯同样的错误。正如已故美籍西班牙裔哲学家乔治·桑特亚纳（George Santayana）(1863—1952) 所说，"不能记住过去的人注定会重蹈覆辙。"然而，我并不觉得这种观点多么有趣，因为我遇见的大多数决策者至少能记住过去发生的一些事情。不幸的是，这使我得出更一般的结论，即"能记住过去的那些人注定首先感到极度痛苦然后重蹈覆辙"。这似乎正是引发这场危机之前发生的事情。如克罗茨纳所指出，为了有效应对危机，我们必须非常小心，"不要把婴儿与洗澡水一齐泼掉"，正是其中的精华促使我们即使在危机过后仍然享受着高水平的经济福利。借用一位美国越战士兵的话，我们还必须十分小心，"不要为了拯救经济而将其毁坏"。

———————————

① Bliss 和 Kaufman（2006）。

参考文献

Bair, Sheila C. 2009. "Statement before the Committee on Banking, Housing and Urban Affairs." U. S. Senate. Washington, D. C. March 19.

Bliss, Robert R. , and George G. Kaufman. 2006. Derivatives and Systemic Risk: Netting, Collateral, and Closeout. *Journal of Financial Stability* 2 (1) (April): 55—70.

Hopking, Cheyenne. 2009. "Treasury IG Faults OTS for Allowing Backdating." *American Banker*. May 22.

Kaufman, George G. 2006/2007 "Basel Has Been a Costly Distraction on the Road to Minimizing the Societal Cost of Bank Failures." Power Point presentation at FDIC conference, Washington, D. C. , September 13, 2006 and Working Paper, Loyola University Chicago, July 10, 2007.

Kaufman, George G. 2009. The Financial Turmoil of 2007-0X: Causes, Culprits and Consequences. In *Financial Crisis Management and Bank Resolution*, eds. J. Raymond LaBrosse, Dalvinder Singh, and Rodrigo Olivares-Caminal. London: Informa Publishers.

Oosterloo, Sander, Jacob De Haan, and Richard Jong-A-Pin. 2007. Financial Stability Reviews: A First Empirical Analysis. *Journal of Financial Stability* 2 (4) (March): 337—355.

Shadow Financial Regulatory Committee. 2000. "Reforming Bank

Capital Regulation. " Statement 160. Washington, D. C. : American Enterprise Institute. March 2.

Thornson, Eric M. 2008. " Letter to Senator Grassley. " Washington, D. C. : U. S. Treasury Department. December 22.

3.3 罗伯特·波曾的评论

我很高兴能够对两位著名经济学家的论文进行评论：希勒教授的论文涉及范围广，哲学性很强，克罗茨纳教授的论文则提出具体的改革建议。我先谈一下希勒教授论文中的两个关键问题：实现投资的民主化和改进监管结构。随后我将对克罗茨纳教授在信用评级机构、按揭贷款证券化和信用违约互换这三个主要领域提出的具体建议予以回应。

3.3.1 希勒教授的论文

我先对希勒教授关于投资机会民主化和重新设计监管结构这些令人感兴趣的观点进行评论。

1）实现投资机会的民主化

希勒教授积极倡导让普通民众更积极、更聪明地参与投资过程。他希望看到普通民众能够参与相对复杂的投资工具如对冲基金以及从银行购买有毒资产（toxic assets）的新型合作关系。然而，他认为在某些情况下普通民众应该需要专家的帮助，因此希望鼓励使用金融顾问。

（1）投资者教育

希勒教授很多思想的一个关键前提是对投资者进行更好的教育。虽然我强烈支持投资者教育，但我对它的局限性却持更加现实的态度。例如，共同基金行业用了很多年时间去开发方便投资者的材料，如每年基金的支出和收益的摘要图表。10年后，证券交易委员会终于同意实施摘要招股说明书——摘要介绍关键要点供投资者决定是否购买某一共同基金。此外，基金投资者能够容易地从理柏（Lipper）评级公司或晨星评级公司（Morningstar）等在线或纸媒服务商获取大量共同基金比较分析的信息。

然而，很多投资者经常不看给他们提供的信息，即使信息以摘要或表格形式提供。一些投资者主要依赖被晨星公司评级为四星或五星的基金。理查德·泰勒（Richard Thaler）等人的研究表明（2008），一些投资者的行为严重受到惯性影响。例如，选择参加运行中的401k养老金缴费计划的雇员比例要高很多，如果他们被要求"退出"而不是"加入"这些计划的话。换句话说，很多雇员没有花时间去填报401k计划申请表格，尽管他们表达出更多的意愿想为退休而储蓄。

认识到投资者选择存在这些局限，很多401k计划实行一个退出程序（opt-out procedure），并结合一项平衡基金或一组生活方式相对应的基金作为默认选项。默认选项是必需的，因为很多投资者并不进行投资选择。此外，这种类型的自行调整的默认选项也是必需的，因为很多投资者不对他们的401k基金逐年进行再平衡，尽管他们收到教育资料要求他们这样去做。

（2）金融顾问

希勒教授指出，现行税法不支持金融顾问方面的扣减，这完全正确。金融顾问支出只有在支出超过填报人调整后总收入的2%时才能扣除。例如，一个调整后总收入为8万美元的家庭就不能扣减雇用金融顾问的支出，除非这笔支出达到每年超过1 600美元的水平。这个2%的最低比例对于大多数投资者来说是太高了。

SEC 有关为单个投资者服务的金融顾问的规定要更加复杂。很多私下配售的证券是在按照 SEC 第 506 条规定没有在 SEC 注册的情况下完成的。该条规定要求，如果满足某些条件，证券发行者可以将任何数量的证券出售给 35 个或少于 35 个投资者。更重要的是，这 35 个投资者一般必须是"合格投资者"——净财富至少 100 万美元或年收入至少 20 万美元。然而，SEC 第 506 条规定中的（b）（2）（ii）款则允许非合格投资者参与投资，如果投资者"自身或其投资代表具备相关金融和商务领域的知识和经验，能够评估投资收益和风险……"。

相反，SEC 有关涉及对冲基金的豁免条款（exemption）没有将金融顾问考虑进去。对冲基金一般来说不能忍受杠杆率限制及其他有关按照 1940 年《投资公司法案》注册的集体投资资产池（collective investing pools）的要求。相反，大多数对冲基金符合 1940 年《投资公司法案》第三节（c）（7）款下的注册豁免条款，该条款适用于向少于 500 个"合格购买者"非公开发行的基金。根据投资公司法案第二节（a）（51）款的定义，"合格购买者"为至少拥有 500 万美元可投资资产（投资者的房屋除外）的投资者。例如，一个拥有 100 万美元资产组合的个人会被对冲基金排除在外，即使他或她有一个经验丰富的投资顾问。因此，SEC 应当修改相关规定，使得合格投资者加上金融顾问能够成为《投资公司法案》第三节（c）（7）中定义的合格购买者。

2）监管结构

希勒教授对现行的美国金融监管结构，尤其是机构间职能重叠问题持批评态度，他也对放松管制的益处持怀疑态度。

（1）整合监管职能

为支持其整合机构的观点，希勒引用了由前财长亨利·保尔森（Henry Paulson）提出的三个监管目标：系统风险、审慎监管和业务操守。希勒指出，一个机构同时行使消费者保护和审慎监管职能的难处——审慎监管的重要性似乎更强（或许由于这个原因，《多德一弗兰克法案》授权在联邦储备体系内设立新的金融消费者保护局，但该机构不受联储监督），这个观点是对的。然而，这三个目标不足以设计出一个最优的监管体系。更重要的是，每个机构都涉及风险控制——通常在审慎监管和消费者保护之外——因此这些目标可以作为设计监管结构的第一步。

一个更有用的评判标准可能是一个机构在某一具体金融领域行使审慎监管、消费者保护以及风险控制职能方面具有相对的专业技能。正如希勒建议的那样，根据该评判标准，将分散在相关联邦官僚机构中——包括联邦储备委员会、联邦贸易委员会（Federal Trade Commission）以及最近成立的州与联邦联合按揭贷款发放人登记系统——所有与按揭贷款相关的职能整合到一个联邦机构内就会很合理。

与此相对，根据上述标准，将抵押贷款发放、信用卡和共同基金的监管整合到一个消费者产品委员会就不合理（新成立的消费者金融保护局承担对抵押贷款发放和信用卡业务的监管，但不监管共同基金）。虽然这些都是主要出售给金融顾问的三种金融产品，但是这些产品涉及不同的专业技能和操作流程。联邦与州政府都与按揭贷款发放有关，其中大约一半的按揭贷款发放人不是银行。共同基金是在 SEC 注册的产品，通过全国的经纪人和银行在整个国家销售。如果将证券专业技能复制到 SEC 以外的另一家联邦机构将会是非常没有效率的。类似地，信用卡现在主要由国内的全国性银行发行。同样，在另一家机构发展银行业在信用卡方面拥有的专业技能也没有道理。

（2）放松监管问题

希勒对各种放松监管的措施提出批评，其中包括对废除《格拉斯一斯蒂格尔法案》的批评（现在该法案在某种程度上已被《多德－弗兰克法案》中的"沃尔克规则"（Volcker Rule）所替代）。在评论中，希勒和许多人一样认为废除《格拉斯－斯蒂格尔法案》是金融危机的一个主要成因。然而，这个论断因为几个原因存在不足。

首先，在废除《格拉斯－斯蒂格尔法案》之前，银行已经被允许参与证券业务很多年，如购买企业债和按揭贷款支持债券。银行控股公司也被允许通过该法案第二十节规定的附属机构进行股票和债券承销，只要这些业务被控制在附属机构总收入的25％以内。1999年《格拉斯－斯蒂格尔法案》被废除主要意味着银行自身可以参与证券承销。

其次，此次金融危机中银行主要的损失来自于所持有的高评级的按揭贷款支持债券组合。如果这些银行的证券承销存在严重问题，那么我们将会看到银行只能持有在承销中不能出售给投资者的低评级债券。相反，银行的巨大损失一般产生在其投资组合中所持有的评级为AAA级的按揭贷款支持债券。

最后，《格拉斯－斯蒂格尔法案》不适用于美国境外的美国银行证券业务。现在恢复《格拉斯－斯蒂格尔法案》对美国银行证券业务的限制更是不切实际。随着证券市场全球化的发展，对于美国银行来说用离岸操作进行证券承销甚至更容易。

3.3.2　克罗茨纳教授的论文

我将对克罗茨纳教授论文中三个最具有创新意义的建议进行讨论。

1）信用评级机构

在详细阐述信用评级机构存在的诸多缺点之后，克罗茨纳教授认为加强竞争是改革这些机构的关键。确实，结构性产品的信用评级被穆迪、标普和惠誉三大寡头垄断。然而，评级机构业务模式的根本缺陷是，如果最初选择的机构给出的评级不令人满意，那么发行人可以到其他机构寻求更好的评级。如果这是存在的根本缺陷，那么即使将SEC认可的机构增加三倍也只会加剧这种挑选评级机构的问题。

克罗茨纳指出转为投资者付费的评级模式存在的一个问题。他指出，某些投资者可能有提高投资分类评级的动机来满足法律上的要求——例如在国家养老金计划上。更重要的是，那些大型机构投资者会拒绝为评级支付费用，因为其自身也对债券进行研究分析，并相信它们的分析要好于信用评级机构。

那么哪种补救措施能够解决挑选评级机构问题呢？在我看来，SEC应当建立由独立金融专家组成的专家库，其职责只有两项：为每个主要债券发行选择一家信用评级机构并就评级成本进行谈判。专家由SEC负责挑选，但专家的标准收费由债券发行人支付。虽然这并不是一个完美的解决方案，但是金融专家的干预会消除评级过程中最不规范的两个方面——有偏见地选择评级机构以及为获得比正常评级更高评级支付过高费用。

2）证券化的透明度

尽管很多人呼吁提高按揭贷款证券化过程的透明度，克罗茨纳提出了几条具体而有新意的建议。第一条好建议是贴有私人标签的按揭贷款支持债券中的证券分级要少且每个级别中包括的机构要多。正如克罗茨纳指出的那样，这种分级应当会更有流动性，并且不那么容易受尾端风险的影响。第二条好建议是提高服务协议尤其是关于贷款变更条款的标准化程度。例如，此条建议将根据奥巴马政府的最新规划，在贷款发生变更时明确服务提供者的角色。第三条好建议是提高证券化过程中按揭贷款合同的标准化。实际上，可能有好几种标准化形式，例如一种适用于可变利率按揭贷款，另一种适用于固定利率按揭贷款。

更进一步的建议是简化 MBS 交易的结构。通过辛勤工作，分析师们能够理解基于单个按揭贷款资产池中几个不同分级 MBS 的发行特征——尤其是如果 SEC 要求更好地披露资产池中单笔贷款情况。然而，当 CDO 投资的不同等级的 MBS 来自不同资产池而不是其自身按揭贷款资产池时，对多层次担保债务证券进行分析却十分困难。在这种多层次的 CDO 中，即使在估计资产池中按揭贷款的违约率时的一个小错误也会导致估计顶层 CDO 违约率时发生大错误。

3) CDS 清算所与交易所

克罗茨纳建议在交易所和清算所进行 CDS 交易。这些是有效应对目前场外市场上私下协商 CDS 交易体系所产生的系统风险的合理措施。然而，对这些建议进行区分并对其重要性进行排序十分重要——在我看来，清算所的重要性应当高于在交易所交易 CDS。

正如克罗茨纳指出的那样，清算所限制了 CDS 合约任何一方发生破产引发的系统性风险。清算所要求相关交易方增加保证金，保证金将由清算所每天根据价格波动进行调整。如果交易的一方违约，清算所会出清合约，并用该交易方的保证金存款弥补损失部分，如果不足的话，将由所有会员缴纳的储备基金来补足。

相反，在交易所交易 CDS 会提高透明度，降低息差（spread）。尽管这些目标都值得称道，但其重要性却不如降低 CDS 合约中其中一方破产导致的系统性风险的重要性高。此外，关于 CDS 清算所的必要性问题在政治上已形成共识，但对于标准化的 CDS 是否只在交易所交易则存在很大争议。CDS 合约中的场外交易商强烈反对在交易所交易CDS，因为这与它们的经济利益发生冲突。如果这么有必要建立的 CDS清算所由于政治上就是否在交易所交易 CDS 问题发生争论而延误，那将是不幸的。中央清算所能够将交易所和场外交易整合到一起，这一点已被美国股票市场清算机制所证实。

3.3.3　结论

　　希勒和克罗茨纳教授的两篇论文针对金融改革提出了一些创新而又合理的建议。我希望政府在争论《多德－弗兰克法案》后的金融改革问题时能够对他们的观点认真加以考虑。

参考文献

Thaler, Richard, and Cass Sunstein. 2008. *Nudge：Improving Decisions about Health, Wealth and Happiness*. New Haven：Yale University Press.

3.4　哈尔·斯科特的评论

　　两篇论文都认为：监管的主要目标是降低系统性风险。在我看来，这是迄今为止最重要的目标。系统性风险的危害（无论是真实还是假想的）导致政府牺牲纳税人的利益进行救助，并增加道德风险，因为股权和债务持有人都受到保护，免遭损失。当然，政府可以不干预，但这会使整个全球经济面临风险——一个更加糟糕的结果。然而，正如希勒所指出的，民粹主义者（populist）在政治上的反应——你们怎么能救助银行？——可能会使政府（财政部甚至美联储）受到掣肘。我想要对我认为这两篇论文在讨论处理系统性风险时所提及的三个最重要的方面进行评论：资本要求（或者限制杠杆率）、清算所与交易所以及破产清算程序。

3.4.1 资本要求

资本要求是事前降低系统风险的主要手段。资本要求能够降低银行发生破产的可能性。如果没有银行破产（或者更恰当地是金融机构的破产），那么在很大程度上就不会出现系统性风险。长期以来资本要求一直受到高度监管，自 1988 年起通过监管巴塞尔银行委员会的推动在全球各国都受到监管。美国实施了巴塞尔 I，正在针对银行及其控股公司实施巴塞尔 II——证券交易委员会在信贷危机爆发前已经针对证券公司的控股公司实施了巴塞尔 II。

公正地说，事实证明这些资本要求完全不足。SEC 有关巴塞尔 II 的规定允许最大的五家投资银行的平均杠杆率超过 30∶1 的水平。缺乏资本是导致雷曼（Lehman）公司倒闭以及政府接管贝尔斯登（Bear Stearns）公司的主要原因。资本不足也在美林（Merrill）公司不得不出售给美国银行（Bank of America）之中扮演重要角色。是的，流动性也是个问题，但资本不足也是问题。实际上，资本这一监管中强度最大和最详细的领域并未发挥作用。更多的监管并不一定意味着系统性风险会更少。

资本监管故事中具有讽刺意味之处方是，银行的杠杆率比投资银行要低得多——由于杠杆率方面的要求，五家最大的商业银行杠杆率平均在 13∶1 的水平。而巴塞尔委员会对风险加权资产的资本要求是 8%，对未经加权的总资产实行 5% 的杠杆率要求。杠杆率比巴塞尔委员会所建议的更为"精细"（sophisticated）的方法对银行具有更强的约束力。

很多人建议改变资本监管规定来解决这个问题，例如西班牙提出动态计提贷款损失准备金，或者通过或有资本计划来解决现有监管要求中的周期性问题，然而没有一项建议解决最根本的问题——我们应当要求银行或其他金融机构持有多少资本。巴塞尔 I 在 1988 年提出 8％的资本要求，但并不想由于新制度的实施增加银行资本，巴塞尔 II 也基本上采用同样思路。但是监管法规能够真正确定合适数量的资本是多少吗？

另外一个困难的问题是如何定义资本。巴塞尔定义了一级资本，要求一级资本至少为总资本的 50％，一级资本不同于被投资者当今重点关注的有形的普通股本。二者之间存在的主要区别在于，巴塞尔忽略银行由于按照市值法计算可供出售资产（available-for-sale assets）导致的银行股本损失，理论上讲，市值法产生的损失不能公允地反映银行资本——人们对这一点有很多疑问，但这却引出一个关键问题：监管资本和会计计算的资本之间是否应当有差异，如果有的话，差异应该是多少？

鉴于存在监管失灵问题以及建立有效的资本监管制度面临的困难和挑战，我认为我们应当更多运用市场力量来解决上市金融机构的资本问题。如果市场对金融机构的风险状况拥有更好的信息，并能够通过持有例如次级债务等"不能保释的"（unbailable）信用，来忍受金融机构破产的一些风险，市场力量就可以被有效利用，市场纪律也会更加严格。

3.4.2　清算所与交易所

克罗茨纳的论文恰当地论述了清算所在降低系统风险方面所起的作用。如果一家金融机构倒闭，可能会引起交易对手在价内（in-the-money）衍生工具合约上出现亏损。如果这些交易对手没有足够的担保，它们可能也会破产，它们的交易对手也会倒闭，以此类推。清算所作为每个合约的交易对手，可以通过扩大轧差（netting）、损失集体承担等方式降低此类风险。因此，一家机构倒闭的影响由清算所的所有会员承担，而不是只由单个交易对手承担。当然，结果是对清算所形成风险，清算所需要采取措施降低自身风险，克罗茨纳在其论文中明确提出这些相关的措施。第一道防线是要求亏损的交易对手增加保证金。

我认为清算所能够降低系统性风险，但是不能将其消除。尽管交易所有自身的预防措施，但是仍然存在清算所倒闭的风险，如果政府已经愿意救助系统重要性机构，那么毫无疑问政府也会对清算所进行救助。因此，这些清算所需要受到认真监管——与它们目前受到的监管一样——但即使这样，清算所倒闭的风险仍然存在。

清算所解决方案完整性存在的另一个问题是，它只能清算标准化合约。尽管场外衍生工具合约越来越标准化，它们仍然作为客户的个性化解决方案来交易。例如，对于信用衍生工具，参与方能够选择如何定义"信用事件"，即出现触发结算责任的情况。非标准化合约不能通过轧差或定价来设定保证金的要求。为解决此问题我们应当要求衍生工具合约必须是标准化的吗？

涉及清算所的其他问题包括：应该有多少个清算所，以及应该清算哪些种类的衍生工具合约？达菲（Duffie）和朱（Zhu）[①] 指出，相对于对信用衍生工具进行中央清算，人们可以通过双边交易对手对所有衍生工具合约进行轧差和担保来更大程度地降低风险，而目前如洲际交易所

---

① Darrell Duffie and Haoxiang Zhu, "Does a Central Clearing Counterparty Reduce Counterpart Risk?" Rock Center for Corporate Governance of Stanford University Working Paper No. 46, February 27, 2009.

(Intercontinental Exchange，简称 ICE）等清算所只交易信用衍生工具。那么应当有多少家清算所呢？一家清算所可能更有效，但是其破产会产生更大的系统性风险。

或许争论最多的问题是是否让衍生品在交易所交易的必要性高于设立清算所的必要性。交易商们由于业务原因，总体上反对在交易所交易，因为这将降低它们的息差，但是这里存在一个法律问题，即交易所交易是否合意以及是否可行。支持交易所交易的论点是：这将能够提高衍生工具定价能力——这不但对交易者很重要，对清算所设定保证金要求也很重要。然而目前，交易所可以从 Markit 等供应商获取交易日结束后和当天报价方面的定价信息。另外，现在没有人对交易日当天内基于交易的定价数据进行收集。实际上，营业日结束后只有 60％的交易数据报告给存款信托与清算公司（Depository Trust & Clearing Corporation，简称 DTCC）存储。交易所会连续不断地提供交易价格方面的数据。

交易所也会改善流动性——同样，这不仅对交易商很重要，对清算所寻求出清违约会员的头寸也很重要。交易所将进行平仓交易（offsetting trade）来锁定总体损失。似乎交易所有可能增加当前场外市场上的流动性。但同时也要记住：将在交易所交易的衍生工具是那些将在清算所清算的衍生工具的一个子集，因为其交易量小，不足以吸引人们的交易兴趣。总之，虽然清算所以及交易所能够在降低系统性风险方面发挥重要作用，但交易对手违约产生较大的系统性风险的可能性仍然存在。

3.4.3 破产清算程序

没有偿付能力的（insolvent）金融机构产生的系统性风险受到我们

如何处置这些机构的影响。

目前，我们可能不愿意让没有偿付能力的机构破产，因为它们一旦破产，具体清算方式存在不确定性。因此，对破产法（Bankruptcy Code）将如何处置衍生工具合约心存疑虑似乎是当局试图避免包括银行控股公司在内的系统重要性机构发生破产的主要原因，因为破产法的规定基本上会导致交易对手清算担保品（当所有担保品的价值都被压低时，这可能会引发连锁破产）。这也是对 AIG 集团实行破产管理时主要考虑的一项因素。

问题资产救济计划以及向那些不注资就会破产的银行控股公司注入流动性，或许可以避免迫使这些机构进入破产程序。但这样会依次导致纳税人的损失或者增加联储的风险。我们需要针对所有金融机构的破产清算程序，允许灵活地处置衍生工具合约，同时允许对债务进行重组。《多德－弗兰克法案》授权新成立的金融服务监督委员会就改进破产清算程序问题向联储提出建议，但是这些机构将要采取哪些具体措施还须拭目以待。

3.4.4 结论

降低系统性风险是监管要取得的最重要的目标，但是靠监管自身无法实现这个目标。实行更多的监管能否降低系统性风险还不清楚，我们在资本监管要求方面的经历就是很好的例证。通过清算所和交易所对机构间的相互关联性进行限制是非常有必要的，但这不仅仅是监管问题（尽管清算所需要被监管），也是在市场上发布审慎监管指令（来自于纽约联储）以找出降低相互关联性问题相关方式的问题。最后，我们需要更完善的破产清算制度。这也不仅是监管法规问题（解释监管法规），还涉及对包括破产法等在内的法律框架进行设计。

因此，监管发挥着重要作用，同时，市场、审慎指引和法律体系同样发挥着重要作用。即使这样，我们必须做好准备，忍受可能发生的一定程度的系统性风险。

第 4 章　作者回应

4.1　罗伯特·希勒

很高兴看到克罗茨纳以及四位评论人所提出的意见，他们是当今思考金融改革问题的伟大的思想家。

其中的两位评论人——弗里德曼和考夫曼——指出我和克罗茨纳的论文存在根本差异。用弗里德曼的话说，克罗茨纳运用"实用的……以目标为本、市场导向的方法"，我则采用基本的方法，重在说明事情应该如何运行。考夫曼认为克罗茨纳采用"更为冷血、分析的（芝加哥学派）方法"，而我则采用"更为温暖、模糊的方法"。我认为我和克罗茨纳之间的根本差异可能跟我们对人类如何做决定、从而需要实行哪种监管制度来影响决策过程的观点不同有关。在克罗茨纳看来，人类主要是理性的、善于分析的，而根据我"温暖、模糊的方法"，我认为我们必须考虑到这种可能性——至少有时候是这样——即男人和女人基于非理性、情绪化的思维方式做决定。

正如乔治·阿克洛夫与我在 2009 年出版的《动物精神》一书中所指出的那样，有时公平与过度自信或信心不足等问题影响着人们的经济行为。虽然将这些因素考虑进去会使得模型"比较模糊"，忽略这些因素而构建的模型则更为清晰、简单，然而我们吸取过教训，即简单明了不一定产生好的政策。在我看来，问题就在这里，因为实际上金融危机正是由于人类行为的这些模糊特性引发的，这些特性很难管理和控制。因为这个原因，行为经济学必须是经济理论的一个重要组成部分，特别是在帮助我们理解当前这场金融危机成因方面更是如此。

实际上，使我印象深刻的是，金融危机的真实根源在于人类行为的某些方面，这些方面不能用标准的模型来解释。2010 年 1 月，摩根大通公司（JP Morgan Chase & Co）总裁杰米·戴蒙（Jamie Dimon），一位深谙金融业务的高级管理人员，在金融危机调查委员会（the Financial Crisis Inquiry Commission）的听证会上承认，"不知什么原因，我们就是没有想到房价不会永远涨下去。"[1] 从这个例子也可以看出危机的成因。反思一下，这看起来好像一个非常高级的专家犯了一个很低级的错误，但是持有戴蒙观点的人不在少数。危机的成因还在于如卡门·莱因哈特（Carmen Reinhart）与肯尼思·罗戈夫（Kenneth Rogoff）所称，并被用于其合著新书的标题[2]。如果人们不从过去的灾难中充分汲取教训，如果人们因为事情发生在过去，时间久远，涉及其他人，就不考虑这些事情是否与现在有关联，如果人们倾向于过度信任

---

① 2010 年 1 月 13 日，金融危机调查委员会举行的首次公开听证会。

② 卡门·莱因哈特与肯尼思·罗戈夫合著，《这次是不同的：八个世纪的金融荒唐事》，普林斯顿大学出版社，2010 年。

他们当今的领导人，那么他们所称的症状就会发生。

　　人类思维中的模糊特性也有助于理解危机过后当今正在发生的情况。随着抵押品赎回权的丧失以及失业的持续，一股强烈的愤怒和不公平情绪在这个国家的一些地方积累着。"茶党"（tea party）运动以及发动"第二次美国革命"的论调就是体现这种愤怒的一些例子，如果不能建设性地管理好，这种愤怒情绪会使任何重振经济的努力脱离正轨。任何修复经济的建议无法在人们对危机造成损害的情绪反应被忽视这样的抽象层面来实施。

　　在我的论文里我强调指出，在应对这些问题时我们需要实现金融的民主化与人性化，即我们必须将金融风险管理的方法推广至社会公众，以便人们可以尽可能有效地运用这些方法，这样即便人们存在局限性也不会被他人所利用。根据这种观点，当我们审视所列出的长长的建议清单时（克罗茨纳指出，2009 年 4 月金融稳定理事会发布的报告曾提出60 多项改革金融体系的建议），我们可以发现其中大多数提出了有可能改进现状的建议，但是在建议重要性的排序方面存在较大差异。在克罗茨纳提出的建议中，我认为最突出的是关于金融消费者保护的建议。他建议"积极实施监管，以防止出现掠夺借款人权益或发放标准不稳健的贷款"，这是一种具有"提高投资者信心"作用的保护措施。该建议目标正确，旨在防止出现使得目前上千万房屋所有者陷入失去抵押品赎回权困境的那些错误。该建议意在解决当前笼罩在美国许多地方的愤怒感；这是正确的，这些想法中有些实际上已经包含在《多德－弗兰克法案》中。我曾经提出我们需要更多这样的保护措施，包括我提出提高金融效率的建议。

　　虽然在我的重要性排序上位置可能不高，但是克罗茨纳提出的其他建议也似乎合乎情理。建立更好的破产清算程序非常有道理。实际上，由于破产清算存在不确定性导致使用短期融资的金融机构受到某种挤提，所以在危机发生时即使是被保险的融资也变得不安全了。克罗茨纳认为我们应该考虑将联邦存款保险公司的破产清算机制延伸到更多的机构，应该将一级交易商信用工具（Primary Dealers Credit Facility）长久化，这样做是对的。这是一种临时性的措施，只能用于"不寻常和紧急"情况。《多德－弗兰克法案》进一步发展了这些建议中的第一项，但是一级交易商信用工具已经不再使用。

克罗茨纳正确地建议，我们可以考虑政府采取相关激励措施以鼓励广泛使用清算所，我们应该考虑评级下降引发的资本监管要求可能产生的系统性影响。这些建议在《多德－弗兰克法案》颁布后仍需要实施。

我们确实在建议重要性排序方面存在较大的差异，克罗茨纳排第一的建议我则可能排最后。克罗茨纳建议通过鼓励在"贴有私营部门标签的 MBS 中实行分级更少、每级包括的机构更多的办法"来促进评级公司行业的竞争，他声称该措施会使评级结果更容易分析。我不认为这样做会使分析得到有意义的简化，或者有助于纠正导致这场危机的评级公司所犯的错误。我的观点是，评级公司所犯的错误更多是杰米·戴蒙那种错误，而不是由于对复杂分级理解错误。

鲍勃·波曾与哈尔·斯科特也提出了一些非常重要的建议。斯科特发展了克罗茨纳所论述的清算所和更好的破产清算程序的建议，并补充了有关资本要求的讨论。波曾提出了一个聪明建议，即证券交易委员会应当建立独立专家库，这些专家将选择由哪家评级公司对证券进行评估，从而杜绝购买评级问题。

从所提出的建议来看，我们取得了许多进展。我希望其中的一些建议能够得到实施。而且，我感到不解的是，为何导致股票市场、住房市场、能源市场和大宗商品市场巨大泡沫的人类行为方面的核心问题以及当今这些泡沫所引发的公众强烈愤怒在研究如何改革金融体系时未能被更多地予以研究和关注。

4.2　兰德尔·克罗茨纳

希勒的论文内容广泛，富有思想性，触及许多重要问题。而我的论文则更多地聚焦于具体的改革措施。我大致赞同他所描绘的金融民主化与人性化的大的主题。当我在联储局工作时，我曾担任联储局两个委员会的负责人，一个是监管与制度委员会，另一个是消费者与社区事务委员会。当时，我曾强调为了使信息披露尽可能地被实际消费者所理解，必须彻底进行消费者测试。

印刷精美、充满法律术语的几页纸或许能够满足法律方面的要求，但却可能引起混乱，并对实际消费者毫无用处。经过测试，我们掌握了哪些信息容易被消费者理解以及信息采取哪种格式及如何展示等方面的大量的信息。例如，关于信用卡账单，将信用卡的所有收费并入同一部分并将这些费用进行加总就会使得人们更容易理解他们所发生的费用并与其他发卡公司进行比较。我们根据《真实贷款法案》（Truth in Lending Act）（有时也称 Z 条例）所提出的建议和制定的法规就是受到这些发现的启发，并与金融人性化和民主化的主题是一致的。虽然消费者测试在私人部门是很普通的一种做法，然而一家联邦机构依赖广泛的调查与测试以改进信息披露有效性的做法则很新颖。

我也赞同希勒对监管碎片化（regulatory fragmentation）的担忧以及所谓的影子银行体系的重要性。正如我在此篇论文及其他论文（Kroszner 2010；Kroszner 和 Melick 2010）所强调的那样，金融体系已发展成为包含市场和机构的一个相互联系的网。监管改革必须承认这一事实及这样的金融体系存在的脆弱性。监管碎片化则放大了这些弱点，次贷危机就是一个很好的例子。例如，联邦银行监管机构分别于1999年和2001年（远在我在联储任职前）制定了次级按揭贷款方面的监管指引。此举产生的未预料到的结果是为那些不受联邦监管的机构提供了开展次级贷款业务的动力。按揭贷款中介人及其他相关机构迅速发展，发展速度远高于各州银行监管机构资源的增速。

展望未来，改进监管机构间的信息共享以及不仅重点监管单个机构而且监管整个市场和机构与市场间相互联系十分重要。在任何健康与创新的金融体系里，新机构、新工具和新市场将得以发展。对银行以及整个金融体系的风险进行监督和评估非常重要。这就是为什么我在论文里强调改革重点在于使市场更加稳健而有活力。

然而，在因为过去监管的变化导致当前这场危机问题上，我与希勒的观点不同。尤其是他似乎将危机的部分成因归咎于放松对1933年《格拉斯－斯蒂格尔法案》将商业银行业务与投资银行业务区分开的限制。（特别是1999年《格雷姆－里奇－比利雷金融现代化法案》取消了对银行或金融控股公司拥有从事证券承销和中介业务子公司的限制。）我看不出过去几年的经验能够支持这种观点。[①]

金融体系的脆弱性不是主要来自于单个机构的商业银行与投资银行业务混合在一起。回想一下贝尔斯登、美林以及雷曼兄弟等投资银行并不是商业银行控股公司，它们遇到的麻烦与允许同一家控股公司内部同时经营商业银行业务与投资银行业务无关。例如，导致国家独立房贷银

---

① 历史证据也不支持赞同《格拉斯－斯蒂格尔法案》将商业银行业务与投资银行业务分离的观点（例如，参见 Kroszner 和 Rajan（1994）及 Kroszner（1996））。

行（Independent National Mortgage，简称 IndyMac）、华盛顿互助银行（Washington Mutual）以及美联银行（Wachovia）倒闭的风险主要与按揭贷款发放这一传统商业银行领域内的风险选择与风险集中有关，与证券承销和证券经营等投资银行业务没有关系。此外，在美国重新恢复《格拉斯－斯蒂格尔法案》下商业银行业务与投资银行业务分离将很可能导致金融体系更大的碎片化，结果可能是增加而不是降低银行机构与来自其他金融机构和市场资金来源之间的相互关联程度。将承载风险业务置于商业银行体系之外可能产生增加而不是降低整个金融体系脆弱性的未预料到的结果。

我现在简要回应一下四位评论人的评论，我要感谢他们有深刻见解的评论与分析。

4.2.1　对弗里德曼的回应

我对机构救助与道德风险问题没有他深思熟虑的观点所表示的那样宿命。我认为我们必须正视问题并认识到解决问题不会一帆风顺，但是我认为改革可以大大降低发生救助的可能性，并缓解道德风险问题。我建议的方法不是仅仅事后采取措施降低救助的成本，而是事前对可以显著降低金融体系相互关联产生脆弱性的法律制度、合约执行及信息基础设施等进行改变。例如，建立更完善的破产清算制度以及将场外衍生工具交易转移至中央清算平台，有利于降低发生机构融资挤提的可能性，减轻单个机构倒闭产生的外溢效应。采取这些改革措施，决策者们可以容忍单个机构破产，市场会将此予以考虑，从而缓解道德风险问题。

弗里德曼也对任何拥有有限责任的金融体系可能产生的道德风险问题提出了有趣的观点。很有意思的是，在联邦存款保险公司成立之前，美国的大部分州规定银行董事或股东承担延伸责任（extended liability)。"双重责任"（double liability）当时很普遍，即股东可能被要求支付其股票的面值以付清破产银行存款人的存款。在当今包括巴西等一些国家里，公司高管和董事承担某种形式的延伸责任。

4.2.2　对考夫曼的回应

很高兴乔治认为我提出的建议很合理且争议性不大。如果世界各国的立法者们都赞同的话该有多好啊！迄今，二十国集团在推动改革方面进展缓慢，乔治正确地问道，为什么这些改革未能更早地进行，目前关于改革的争论表明实施改革面临的挑战有多大。改进和提高破产清算制度的效率不仅要求对国内破产法律进行修改，也要求对相关国际协议和标准进行修改以确保对国际机构清晰、有序地进行清算。问题是二十国集团似乎更关注于资本要求，虽然资本要求很重要，但这只是箭囊中的其中一支箭。

4.2.3　对波曾的回应

正如我上述评论表明，希勒与我当然都赞同很难将最近这场危机的成因归咎于放松对《格拉斯—斯蒂格尔法案》的监管要求。我们也认为改进透明度对于重振证券市场至关重要。我同意他关于进一步简化按揭贷款支持证券的建议，认为此项建议应予以认真考虑。我对让证券交易委员会指派"独立的金融专家"按标准费率对证券进行评级的建议不太乐观。尽管这当然会消除购买评级行为，我却不太确定证券交易委员会长期如何保证那些专家的质量及是否合适，以及标准收费是否能确保被指派的专家全力投入于复杂而困难的工作之中。最后，对于他提出的最优先考虑的事情是将场外衍生工具转移至中央清算平台而非完全在交易所交易的观点我非常赞同。让清算所充当交易对手将有助于使市场变得更加稳健而有活力。

4.2.4　对斯科特的回应

哈尔重点讨论资本对于确保金融机构自身在游戏中也持有筹码(skin in the game) 的重要性，但是他强调指出确定准确的资本水平的难处。如果资本要求定得太低，就可能不起作用。如果定得太高，就可能导致机构通过将本来不属于表外的业务转变成表外业务工具以逃避监管，这种情况我们见到过。此外，如果这种逃避手法被消除的话，那么这些行为就可能被其他仍然与银行有联系的机构来完成，这样可能潜在地加剧金融体系的脆弱性。

哈尔赞同我关于中央清算对于场外衍生工具市场具有重要意义的观点，但同时也提出警告，只有当清算所被看成是完全稳健的场所时，清算所才会提高金融体系的稳健与活力，对此我也同意。他认为，改变破产清算制度的目的在于降低不确定性，提高透明度，而许多建议无法实现此目标，对此观点我也赞同。

参考文献

Kroszner, Randall. 1996. The Evolution of Universal Banking and Its Regulation in Twentieth Century America. In *Universal Banking : Financial System Design Reconsidered* , eds. Anthony Saunders and Ingo Walter. Chicago：Irwin, 70—99.

Kroszner, Randall S. 2007. " Creating More Effective Consumer Disclosures. " May 23. http：// federalreserve. gov / newsevents / speech /

kroszner20070523a. htm.

Kroszner, Randall S. , and William Melick. Forthcoming. The Response of the Federal Reserve to the Recent Banking and Financial Crisis. In *An Ocean Apart? Comparing Transatlantic Responses to the Financial Crisis*, ed. Adam Posen, et al. Washington, D. C. : Peterson Institute for International Economics.

Kroszner, Randall, and Raghuram Rajan. 1994. Is the Glass-Steagall Act Justified? A Study of the U. S. Experience with Universal Banking before 1933. *American Economic Review* (September): 810—832.

第5章 作者再回应

5.1 罗伯特·希勒

兰德尔·克罗茨纳认为我似乎"将危机的部分成因归结于放松对 1933 年《格拉斯－斯蒂格尔法案》将商业银行业务与投资银行业务区分开的限制"。他推断我会支持恢复《格拉斯－斯蒂格尔法案》。罗伯特·波曾在其评论中也有相似的推断。然而，我并不赞成恢复《格拉斯－斯蒂格尔法案》。既然《多德－弗兰克法案》已经实施了"沃尔克规则"的部分内容①，这种印象就更为重要。保罗·沃尔克，美联储前主

---

① 参见保罗·沃尔克，"如何改革我们的金融体系"，纽约时报，2010 年 1 月 30 日。罗伯特·波曾在其重要的一部新著——《太大而不能救：如何修复美国的金融体系》——中对恢复《格拉斯－斯蒂格尔法案》的建议提出批评。虽然哈尔·斯科特在这里的评论中并未提及这一点，但是他此前对《格拉斯－斯蒂格尔法案》以及拟议中的沃尔克规则提出过许多批评。参见哈尔·斯科特，"在美国参议院银行、住房及城市事务委员会听证会上的书面证词"，2010 年 2 月 4 日。

席，建议银行应被禁止投资或成立对冲基金或私募基金或被禁止从事自营交易。沃尔克的建议常被形容为更新版的《格拉斯－斯蒂格尔法案》。

我确实认为1933年《格拉斯－斯蒂格尔法案》在当时很合理，即使其当时并不是最优选择。人们常常忘记的是，正是该法案成立了联邦存款保险公司。如果政府现在从事银行存款保险业务，那么它也需要采取措施防止被保险人过度承担风险。保险产生了可能导致保险人损失的道德风险问题。在这种情况下，保险人需要对道德风险进行限制，正如火灾保险人对被保险人预防火灾的防火设施进行检查一样。

但是，我们现在生活的世界与1933年时的世界已完全不同，而我们对风险的度量与控制有了更深的理解。克罗茨纳关于仅仅将投资银行业务与商业银行业务分离不会解决好其中存在的问题，也不会防止这场金融危机发生的观点是正确的。幸运的是，《多德－弗兰克法案》没有采取这样猛烈的措施。更广泛意义上的放松管制是这场金融危机根源中的一方面，多年以来形成的监管缺失问题需要加以关注。这从来不是增加还是减少监管的问题，这是监管质量以及监管能否对金融理论的基本原则灵敏反应的问题。从中可以汲取的教训不应是我们应该更早就加强监管，而是我们应该改进我们的监管法规，以使金融创新得到建设性的发展。

我认为克罗茨纳与我都赞同监管的目的在于打开大门，进入新的更完善的金融结构，这些金融结构能够运用我们已有的最好的技术来服务于人民，而不是施加一些笨拙的障碍和限制。

译者后记

2013 年 10 月 14 日，瑞典皇家科学院宣布，将 2013 年诺贝尔经济学奖授予尤金·法玛、拉尔斯·汉森以及罗伯特·希勒三位美国经济学家，以表彰他们对"资产价格的经验主义分析"作出的贡献。

尤金·法玛被认为是"现代金融之父"，其主要研究领域是投资组合管理和资产定价，金融市场著名的"有效市场假说"就由法玛在1970 年首次提出。该假说对有效市场的定义是：如果在一个证券市场中，价格完全反映了所有可以获得的信息，那么就称这样的市场为有效市场。根据该假说，投资者在买卖股票时会迅速有效地利用可能的信息，所有已知的影响股票价格的因素都已经反映在股票的价格中，因此，股票的技术分析是无效的。

有意思的是，同为 2013 年诺贝尔经济学奖获得者之一的罗伯特·希勒却在本书中对"有效市场假说"提出不同看法，认为该理论是人类思想史上明显的错误之一，也许更适宜将其称为经济思想上"半个真理"的理论。

本书共分五章。第 1 章和第 2 章分别是罗伯特·希勒与兰德尔·克罗茨纳撰写的论文。

希勒在《实现金融民主化与人性化》一文中，旁征博引，对监管的基本理论、历史沿革进行了阐述，对发生金融危机的成因进行了分析，并就如何改革金融体系等问题提出了有益的建议。希勒认为，放松管制与有效市场理论导致监管失灵问题的出现，而这些监管缺失以及迄今我们的金融体系在实现金融民主化与人性化方面做得远远不够，引发了当前这场全球金融危机。尤其是各种泡沫没有得到有效控制，使得泡沫得以通过包括心理传染等形式的反馈在世界各地的股市和房地产市场蔓延，加剧了危机的破坏程度。

希勒强调，首先，改革金融体系，建立新的监管制度必须实现金融民主化的目标，使金融技术更好地造福于人民，而金融民主化有利于建立更好的资本主义经济制度。其次，必须实现金融人性化的目标，使金融机构更好地按照人们的思想、行为方式来运营，使其受到实际、有效的激励，并将采取适当措施管理风险作为其应尽的义务。金融人性化意味着关注经济危机成因中人的因素，关注行为经济学这一新兴领域。

兰德尔·克罗茨纳在其《构建更为稳健而有活力的金融市场》的论文中，采用说理分析的方法，对能够促使市场更加稳健而有活力发展的相关改革措施进行了阐述。他认为，改革的重点应当是防止单一机构存在问题或发生破产产生的涟漪演变为汹涌的海浪，避免对金融体系和整个经济造成影响，即传统的系统性风险问题。要降低金融体系中的系统性风险，首要的是降低监管和市场行为的顺周期性。其中，关键是解决好"大而不倒"和"相互关联而不倒"的问题。

为此，应解决好五方面的问题。第一是信用评级机构在信息基础设施中所扮演的角色。克罗茨纳强调说，评级是信息基础设施的一个重要部分，我们不能将孩子和洗澡水一起泼掉，因为信用评级在传统的公司债务领域一直是评估风险的合理、可靠的替代指标。评级机构改革的重点应是引入更多直接或间接的竞争。第二，对抵押贷款证券化市场进行改革，重振证券化市场和消费者保护的作用，恢复重要的融资来源。第三，建立稳健的非银行金融机构破产清算制度，维护金融稳定。第四，将场外衍生工具合约移至中央交易对手清算平台之上，解决潜在的"相互关联而不倒"问题。第五，解决好具有潜在不稳定因素的合约条款问题，以免对整个市场造成影响。其中，改进大型金融机构的破产清算制度，将场外衍生工具合约置于拥有中央清算对手平台之上，这是所有改革中最应优先进行的改革，有助于增强金融体系的稳定。

在本书第3章，本杰明·弗里德曼等4位著名经济学家对罗伯特·希勒和兰德尔·克罗茨纳的两篇论文进行了精彩点评。第4章，两位作者分别对彼此的观点及4位评论人的评论观点进行了互动式回应，开展了富有思想性的深度交流。最后的第5章，罗伯特·希勒再次对兰德尔·克罗茨纳的观点进行回应。

目前，在本轮国际金融危机爆发5年后，国内外专家和学者纷纷就发生危机的原因、经验和教训进行总结、反思。而本书的两位作者远在2009年就已经开展了相关的研究工作，提出了很有见地的思想、观点和改革建议。

党的十八届三中全会通过的《中共中央关于全面深化改革若干重大问题的决定》明确指出，要完善金融市场体系，加强金融基础设施建设，保障金融市场安全高效运行和整体稳定。本书中两位世界著名经济学家所提出的观点和建议对我们研究具体改革措施无疑也会起到参考和借鉴作用。

本书第1章、第3章前半部分、第4章和第5章由王永桓翻译。第2章和第3章后半部分由陈玉财翻译，全书由王永桓审校。

受时间和译者知识范围的限制，本书的翻译难免存在疏漏和错误，欢迎各位同仁多提宝贵意见和建议，以便共同交流切磋。

王永桓　陈玉财
2013 年 12 月于大连